GERDIS

GASTRO STORIES

GERDIS

GASTRO

STORIES

geschrieben von MARI MÄRZ

aus der GASTRO-COACHING-Reihe

Bibliografische Information der Deutschen Nationalbibliothek: Die Deutsche Nationalbibliothek verzeichnet diese Publikation in der Deutschen Nationalbibliografie; detaillierte bibliografische Daten sind im Internet über http://dnb.dnb.de abrufbar.

Redaktion: DIE TEXTWERKSTATT "korrekt getippt"
Covergestaltung und Grafiken: CanvaPro

Verlag: BoD · Books on Demand GmbH,
In de Tarpen 42, 22848 Norderstedt
Druck: Libri Plureos GmbH, Friedensallee 273, 22763 Hamburg

ISBN: 978-3-7693-0959-1

INHALT

SIND WIR NOCH ZU RETTEN?

Krisen, Klima, Krieg … Die Leute drehen durch. Der Ton wird rauer. Das Geld wird knapp. So oder ähnlich hören wir es jeden Tag. In den Nachrichten. Im Netz. Bei Freunden. Zu Hause. Im Job.

Durchatmen! Tief durchatmen!

Du hast dieses Buch gekauft, weil … und da kann ich jetzt nur mutmaßen … weil du dich dafür interessierst, was in der Gastro los ist seit der Pandemie, seitdem die Leute durchdrehen, der Ton rauer wird und das Geld knapp? Vielleicht suchst du nach Lösungen oder aber Bestätigung? Willst du demnächst beruflich durchstarten? Bist du bereits in der Gastronomie tätig? Kennst du jemanden, der dort arbeitet? Fragst du dich, ob diese Branche überhaupt noch eine Zukunft hat?

Glückwunsch!

Dann habe ich genau für dich dieses Buch geschrieben, bin für dich durch alle 16 Bundesländer gereist. Mit einer Frage im Gepäck: Sind wir noch zu retten?

Klar, ein Blick in die Presse oder Soziale Netzwerke könnte genügen. Das große Gastrosterben wird im großen Clickbaitfieber gern postuliert. Mal sind Metropolen wie Berlin dem Untergang geweiht, dann wieder die ländlichen Regionen. In der Tat musste 2023 jeder zehnte Gastrobetrieb dichtmachen. Die Gründe sind überall dieselben. Der Schwarze Peter wurde gefunden. Alle haben Schuld, nur ich nicht. Fertig. Schublade zu. Weiter wie immer.

Aber ist es wirklich so einfach?

Während meiner Reise durch die Republik habe ich im Norden diesen hübschen Satz aus der Feder eines gewissen Stefan Schütz gelesen: DIE HEILE WELT IST EINE SCHEIBE.

Ich lass das jetzt mal unkommentiert stehen, weil ich nicht in der Position bin, dir die Welt zu erklären. Wenn ich mich kurz vorstellen darf: Ich bin Gerdi und könnte jetzt behaupten, eine renommierte Journalistin zu sein, die viele tolle Preise gewonnen und am Stein der Weisen geleckt hat. In der virtuellen Welt ist schließlich alles möglich. Ich sage nur: Dating-Portale, Life-Coaching, Beauty-Tipps und weiß der Kuckuck, was auf dem Jahrmarkt der Eitelkeiten alles angeboten wird. Nee! Es gibt schon genug selbsternannte Expert*innen, die Wunder versprechen und das Blaue vom Himmel lügen. Wir bleiben mal hübsch auf dem Teppich.

Also, ich bin Gerdi. Gastro-Reporterin. Eine Erfindung der Autorin Mari März, im Auftrag des Gastro-Coaches Pero Vrdoljak. In Ergänzung zu seinem neuen Buch GASTRONOMIE AM PULS DER ZEIT bin ich durch Deutschland gereist, suchte von Aachen bis Zwickau, von der Ostsee bis in die Alpen nach praktikablen Lösungen für eine Gastronomie der Zukunft ... und fand sie ... zwischen Pleiten, Leerstand und Gentrifizierung, zwischen Hochwasser, Sturmschäden und grüner Transformation.

Meine Gastro-Stories sind eine Bestandsaufnahme, wie sich die Gastrobranche nach der Pandemie und im Irrsinn der Zeitenwende verändert hat. Lass mich kurz erklären, welchen Nutzen du aus meinen Geschichten für dich mitnehmen kannst.

Erstens: Anhand konkreter Beispiele werde ich verdeutlichen, woran genau es hapert, mit welchen Ideen Gastrobetriebe wieder auf die Beine kommen und wer die Supporter sind. Auch wenn ich nur eine Erfindung bin, stecken ausschließlich reale Begebenheiten in meinen Beschreibungen. Was wohl klar ist, denn das Schicksal der Gastrobranche ist keine Fiktion.

Zweitens: Bei all den Negativschlagzeilen über das Gastrosterben könnte man meinen, dass es klüger wäre, den Laden dichtzumachen und auszuwandern. Falls du drinsteckst, möchte ich dich gern aus dieser Bubble herausholen und mit dir gemeinsam über den sprichwörtlichen Tellerrand schauen. Denn es gibt da draußen so viel mehr zu sehen als nur Pleiten, Pech und Pannen.

Drittens: Und dieses Drittens ist wirklich toll. Als Pero Vrdoljaks fiktionaler Sidekick darf ich Tacheles reden. Kurz und knackig nenne ich die Probleme beim Namen. Denn eines ist klar: Weglächeln können wir das Elend nicht. Und weil ich Fiktion bin, darf ich übrigens auch gendern, wie und wann es mir passt. Sogar in Bayern und Sachsen!

Viertens: Da Jammern noch nie geholfen hat, werde ich in den folgenden sechzehn Gastro-Stories neben dem, was schlecht läuft, vor allem über das Gute berichten. Über aktuelle Trends, regionale Gepflogenheiten, die neuesten Charts der Gastroszene. Über Chancen und Möglichkeiten, über Ideen für eine Zukunft, in der die Gastronomie endlich wieder den wichtigen Stellenwert einnimmt, der ihr zusteht. Denn, und darin sind wir uns hoffentlich einig, diese Branche bietet weit mehr als Essen und Trinken. Egal, wo und wie, ob in Restaurants, Bistros, Kneipen, Pizzerien, Gaststätten, Kantinen, Clubs, Bars, Mensen, Foodtrucks, Imbissstuben oder wo auch immer Menschen andere Menschen glücklich machen wollen, schaffen Gastronom*innen Orte der Begegnung, der Gemeinschaft, der Innovation. In der Gastrobranche werden Bedürfnisse großgeschrieben und gehört Freundlichkeit zur DNA. Jeder Gastwirt und jede Gastwirtin leistet einen existenziellen Beitrag für ein gelebtes Miteinander, für unsere Gesellschaft, für dieses Land. Deshalb können wir auch auf niemanden verzichten.

Und deshalb bitte ich dich: Denk nicht daran, den Laden dichtzumachen, dir einen anderen Job zu suchen oder auszuwandern! Lass uns gemeinsam durch unsere schöne Republik reisen und nachsehen, was sich im Norden, Osten, Süden, Westen verändert hat und zukünftig verändern wird. Zum Positiven. Versprochen!

Beginnen wir in der Hauptstadt, und zwar anders, als du vielleicht denkst. Bist du bereit? Ist dein Rucksack gepackt? Hast du Platz gelassen für ein paar gute Ideen?
Dann los!

Berlin

Metropole und Moloch. Hauptstadt der Ambivalenz. Wenn du es in Berlin schaffst, schaffst du es überall. So sagt man. Aber die Goldader musst du erst mal finden. Denn nur weil eine Stadt groß ist, bedeutet das noch lange nicht, dass die Kundschaft automatisch und zahlreich kommt. Großstädter sind verwöhnt und keinesfalls so innovativ wie ihr Ruf. Sie gehen den Touristen aus dem Weg und lehnen mehrheitlich ab, was Besuchende besonders mögen. Zugereiste haben andere Vorlieben als gebürtige Berliner*innen, aber in einem Punkt sind sich alle hier Lebenden weitgehend einig: Sie bleiben gern unter sich, in ihrem Kiez.

Berlin ist ein Dorf oder vielmehr eine Aneinanderreihung diverser Dörfer, die unterschiedlicher kaum sein können. Was in Charlottenburg oder Pankow funktioniert, muss in Dahlem oder Hohenschönhausen noch längst kein Renner werden. Berliner*innen wollen ihren Späti an der Ecke, zwei bis drei gute Restaurants, eine Stammkneipe für harte Feierabende, ihren Lieblingsimbiss auf dem Nachhauseweg und gern nur einen einzigen Lieferservice für die komplette kulinarische Bandbreite. Punkt.

Berliner*innen sind satt vom Überangebot und wollen am Wochenende einfach ihre Ruhe - allein, zu zweit, mit der Familie oder mit Freunden. Frei nach dem Motto: Mir reicht die Vorstellung, dass ich könnte, wenn ich wollte. Das individuelle Interesse an gastronomischer Vielfalt ist zwar grundsätzlich vorhanden, aber ... na ja, morgen ist auch noch ein Tag. Hauptstädter könnten immer, nur wollen sie einfach nicht.

Zum Glück sind es viele. Sehr viele! Bei knapp vier Millionen ständigen Bewohner*innen der Hauptstadt sind jede Menge Bedürfnisse vorhanden und die Geschmäcker so unterschiedlich wie Pflastersteine auf einem Bürgersteig im Friedrichshain. In keinem anderen Bundesland ist die Bevölkerung und damit die Gastronomie so bunt wie in Berlin. Vom Bunker bis zum Banktresor, von der Fabrikhalle bis zum Spreeufer wurde hier alles Mögliche und Unmögliche zum Treffpunkt der Freiheit. Hüben wie drüben, also hinter und vor der Mauer ... und auf jeden Fall danach. In den Siebzigern zog David Bowie in den Schöneberg, die Punks ins SO36. Wolf Biermann wurde von der DDR ausgebürgert, Nina Hagen floh in den Westen. Anfang der Achtziger kamen Nick Cave und Martin Gore. Dark Wave mit dieser einzigartig düsteren Melancholie passte zu Berlin wie Arsch uff Eimer - während der Kalte Krieg seinen Höhepunkt erreichte und 1989 endlich der Eiserne Vorhang fiel.

In den Neunzigern wurde der Techno kommerziell, ab den Nullerjahren blieb kaum ein Stein auf dem anderen. Berlins Seele wurde verkauft an Investoren. Der Slogan »arm aber sexy« lockte Menschen aus aller Welt in die alte-neue Hauptstadt. Das Bonner Parlament zog an die Spree, Bundesministerien und Botschaften folgten. Wo früher die Bohème feierte, trafen sich nunmehr Beamte und Yuppies zum Businesslunch. Aus den verwahrlosten Ruinen der Gründerzeit wurden schnieke sanierte Altbauwohnungen, deren Mieten sich kaum noch jemand leisten kann. Hausbesetzer gibt's nicht mehr und wo einst die Mauer Familien trennte, wachen Helikoptereltern heute über ihre Kinder.

Warum ich dir davon erzähle? Weil das alles typisch Berlin ist. Keine andere Stadt erlebte so viele Umbrüche, Zeitenwenden, Zuwanderung wie Berlin. Deshalb gibt es hier nicht den Standard-Gast im bunten Potpourri aus Dagebliebenen und Zugereisten. In Berlin gibt es alles, was Gastronomie ausmacht: Trendige Clubs in Kreuzberg, biedere Ausflugslokale in Tegel oder Köpenick, teure Sterne-Restaurants rund ums Regierungsviertel in Mitte und Tiergarten, legendäre Kneipen in Charlottenburg, blumige Cafés und Bio-Läden im Prenzlauer Berg, die ganze Welt auf einem Teller in Schöneberg und Neukölln sowie zig Eventlocations von Heiligensee bis Müggelheim.

An Spree und Havel ist die Vielfalt zu Hause, und das ist gut so! Falls du als Gastronom*in hier durchstarten möchtest, solltest du im Vorfeld klären, welcher Kiez zu dir und deinem Angebot passt. Im Treptower Park könnte dein Foodtruck gut laufen, im Grunewald würde er vermutlich pleite gehen. In Marzahn hätte dein Gourmet-Tempel keine Chance, in Zehlendorf möglicherweise schon.

Wenn du in Berlin Menschen dazu bewegen willst, dein Gast zu werden, musst du dir definitiv mehr einfallen lassen als anderswo. Und nirgendwo sonst musst du besser deinen USP kennen als hier. Nur wenn du dich auf die jeweiligen Bedürfnisse der Hauptstädter*innen einlässt, ihre Gepflogenheiten kennenlernst, ihre Eigenarten verstehst, hast du eine Chance.

Ich gebe dir ein Beispiel für die Ambivalenz dieser hübsch-hässlichen Stadt: Abseits der Bio-Läden, Montessori-Kitas und Hipster-Lokale zwischen Kollwitzplatz und Kulturbrauerei besuchte ich ein unberührtes Fleckchen Prenzlauer Berg. Eine Kneipe ohne Chichi an der Schönhauser Allee, wo sich die alte Garde aus Kunst und Kultur trifft und wohl auch schon der ein oder andere Promi zu Gast gewesen sein soll.

Das Alleinstellungsmerkmal dieser Kneipe außerhalb der Mainstream-Bubble ist eine Mischung aus Purismus und Qualität. 25 exklusive Whisk(e)y- und ebenso viele Bier-Sorten. Punkt! Keine Cocktails, keine Küche, kein Barista-Chick. Und dieses mutig aufrecht erhaltene Understatement ist absolut gewollt, um trendgeile Partyhopper und sensationslüsterne Touristen fernzuhalten. Denn hier trifft sich das Kiezvolk, die Alteingesessenen, die Urgesteine der Ost-Berliner Avantgarde. Filmemacher, Musiker, Schriftsteller, Journalisten quatschen vor und hinter dem Tresen bei einem gepflegten Drink gern mal bis in den Morgen. Geschlossen wird, wenn der letzte Gast seinen Deckel bezahlt hat. Wer mit Sortiment und Ambiente nicht einverstanden ist, wird mit preußischem Charme hinauskomplimentiert. Ein USP der Extraklasse, in keinem Reiseführer zu finden. Großartig! Deshalb werde ich auch nicht verraten, wo du dieses Kleinod finden kannst.

Dafür habe ich zwei News aus der Hauptstadt, die ich für ziemlich innovativ halte. Da ist zum Beispiel ein Lieferdienst der ganz besonderen Art in Kreuzberg, der mit seinem Konzept eine mutige Antwort auf den Personalmangel und explodierende Ladenmieten gibt.

HOMEMEAL liefert hausgemachte Gerichte aus aller Welt in alle Welt. Private Köche (die Website wirbt damit, dass es die talentiertesten in Berlin sind) bereiten das Essen deiner Wahl zu, schicken es gekühlt zu dir nach Hause, wo du nach Lust und Laune die Boxen erwärmen oder einfrieren kannst. Das ist quasi, als hättest du perfekte Großeltern aus Deutschland, Asien, der Karibik, Afrika, dem Nahen Osten, die dich rund um die Uhr traditionell bekochen, aber keine Weihnachtskarte, keine Aufmerksamkeit von dir wollen, nur etwa 10 Euro pro Gericht.

Das nenne ich Völkerverständigung auf tollem Niveau! Darüber hinaus bedient dieses Konzept exzellent den Wunsch der Berliner*innen nach einem Lieferservice für alles. Schau gern bei HOMEMAEL vorbei und lass dich …

Moment! Bei der Überprüfung des Links stelle ich gerade fest, dass es auch dieses Unternehmen nicht mehr gibt. Innerhalb weniger Wochen … Zack, weg! Dauerhaft geschlossen. Wirklich schade! Ich lasse es trotzdem hier im Buch stehen, quasi als Denkmal der Vergänglichkeit.

Alle hoffentlich noch aktiven Links findest du am Ende jedes einzelnen Kapitels. Weil manche davon unfassbar lang sind, habe ich sie in der Ansicht gekürzt. Solltest du die Papierversion dieses Buches lesen, wundere dich also bitte nicht, wenn die Links nicht eins zu eins im Netz zu finden sind.

Einer absolut existenziellen Herausforderung widmet sich KAMASYS. Ebenfalls im Herzen Berlins tüftelt dieses

Unternehmen seit nunmehr zwanzig Jahren an diversen digitalen Lösungen für mehr Effizienz und Kundenzufriedenheit im Gastrobereich. Vom modernen Kassensystem über die virtuelle Speisekarte bis hin zur bedienungsfreundlichen Bestell- und Bezahl-App findest du hier alles. Sogar den immer wichtiger werdenden Service-Roboter, der nach Corona deine Personallücke schließen könnte.

Neumodischer Schnickschnack? Na ja, ich habe so einen Service-Roboter in einem Pankower Bowlingclub gesehen, der alles andere als Hipster-Style bietet. Die Zukunft ist überall, ob du willst oder nicht. :-)

Und damit diese Zukunft besser wird, nimmt der Berliner Senat Geld in die Hand. Etwa mit dem Berliner InvestitionsBONUS erhalten Gewerbetreibende in der Gastronomie, Tourismusbranche, im Einzelhandel sowie Handwerks- und Dienstleistungssektor finanzielle Unterstützung. Zudem erließ Berlin in diesem Jahr allen Gastronom*innen die Sondernutzungsgebühr für öffentliches Straßenland. Der Freisitz auf dem Bürgersteig war also 2024 gratis. Für viele dürfte das nur ein Tropfen auf den heißen Stein gewesen sein, für die Fanmeilenbetreiber ein harter Brocken in Höhe von 1,2 Millionen Euro.

Was sonst noch gefördert wird und wie es um die Gastrobranche in Berlin steht, erfährst du unter anderem beim DEHOGA. Du weißt schon, Analyse ist die Basis deines Geschäfts. Weißt du nicht? Dann lies Peros

Buch! Ein bisschen später im Text sage ich dir, was drinsteht und wo du es findest.

Jetzt lass uns erst mal in den Norden reisen ...

WEITERE INFOS GIBT ES HIER ...

homemeal.de

www.kamasys.de

ibb-business-team.de/berliner-investitionsbonus

dehoga-berlin.de

taz.de/Clubsterben-in-Berlin

dw.com/de/clubsterben-in-berlin

Mecklenburg-Vorpommern

Endlose Weiten, plattes Land und eine Bevölkerung, die für und durch den Tourismus lebt. Während noch vor ein paar Jahren die Saison zu Ostern begann, bleibt Gastronom*innen und Hoteliers heute kaum noch Zeit zum Durchatmen. Denn selbst im Winter treibt es die Menschen mittlerweile an die Ostseeküste und Mecklenburger Seenplatte. Spätestens seit Corona und nicht zuletzt wegen des Klimawandels wird der Urlaub in Deutschland immer attraktiver.

Das Landesstatistikamt in Mecklenburg-Vorpommern deklarierte für 2023 Rekordzahlen und verbuchte 7,7 Millionen Gästeankünfte. Vor allem die Auslastung auf den Campingplätzen nimmt zu, aber auch die Zahl der ausländischen Besucher, etwa aus der Schweiz, den Niederlanden und Dänemark. Ein Eldorado für Gastronom*innen und Hoteliers, oder?

Na ja, alles hat eine Schattenseite; Stichwort Massentourismus. Die Bürgerinitiative »Lebenswertes Rügen« beispielsweise informierte im April 2024 über die Gründung einer Ostseeküstenallianz aus vier aktiven Bürgerinitiativen der Region. Es gibt also Gegenwind, was an sich nichts Schlechtes bedeuten muss, obwohl zumindest Touristenverbände verlautbaren, dass unsere Ostseeküste noch lange nicht vergleichbar ist mit Venedig, Mallorca oder den Kanaren. Eine Umfrage zu den negativen Effekten des zum Glück wieder zunehmenden Tourismus in der Bevölkerung Mecklenburg-Vorpommerns im Jahr 2023 ergab, dass sich die Mehrheit keinesfalls durch die Besucher*innen gestört fühlt.

Vielmehr stoßen den Einheimischen die steigenden Preise und insbesondere das stetig höher werdende Verkehrsaufkommen sauer auf. Und das ist absolut nachvollziehbar, denn mittlerweile sind die Camper-Karawanen ganzjährig unterwegs.

Trotzdem ist noch Luft nach oben, wenngleich auf einem anderen Level. Falls du überlegst, deinen Gastrobetrieb an der Ostsee zu eröffnen oder dorthin zu verlagern: Kein Problem, nur gut muss er sein!

Das Branchenportal HOGAPAGE zitierte im März 2024 den Landestourismusbeauftragten Tobias Woitendorf, der vor einem möglichen Stillstand warnt. Es mangele an Qualität, attraktiven Angeboten für junge Menschen und innovativen Konzepten. Tja, das kann ich unterschreiben. Bei meinem Besuch in Plau am See war es schlicht unmöglich, an einem sonnigen Nachmittag rings um den Hafen gemütlich Kaffee zu trinken. Ich war in fünf (!) Restaurants, im sechsten bekam ich die letzten Krümel vom Kuchenbuffet. Auf Rügen übernachtete ich in einem Apartmenthotel, das wunderbar für Familien geeignet war. Das benachbarte und zu dieser Zeit einzig geöffnete Restaurant hingegen bot gehobene, null kindgerechte Küche mit entsprechenden Preisen.

Nicht überall und nicht alles, aber einiges läuft schief im wirklich schönen Mecklenburg-Vorpommern, wenngleich die gastronomischen Sollbruchstellen keinesfalls ein Problem des Ostens sind. In einem idyllischen Hafen-Bistro am Bodden wollte ich mir einen Snack gönnen. So weit, so gut. Das Wetter war super, der Freisitz sah einladend aus. Nur die Gäste fehlten.

An einem typischen Imbisstresen bestellte ich Currywurst mit Pommes für opulente 17,95 Euro. Der Chef bediente selbst, ich kam mit ihm ins Gespräch. Vor einem Jahr hatte er das Hafen-Bistro übernommen. Während ich meine Currywurst vom teuren Steingutgeschirr verspeiste, erzählte mir der Gastwirt von seinem Restaurant in Augsburg, wo er gebürtig herkam. Dass er schließen musste und hier an der Ostsee noch einmal durchstarten wollte. Ich fragte ihn, ob er wüsste, wie viel die Menschen hier verdienen und ob seine Preise für einen Imbiss nicht zu hoch wären. Auf den ersten Teil meiner Frage ging er nicht ein, den zweiten beantwortete er ziemlich echauffiert: »Das ist kein Imbiss!«

Ich aß meine Currywurst, schaute über den kleinen Hafen mit seinen etwa zwanzig Booten und dachte daran, dass die touristischen Hochburgen allesamt auf der anderen Seite des Boddens zu finden sind, in Ahrenshoop, Prerow, Barth und Zingst. Auf dieser Seite leben die Einheimischen in weitaus bescheideneren Verhältnissen, mit kleinen Booten, statt protzigen Yachten. Ich nahm mein Handy und googelte das regionale Durchschnittseinkommen. Der Gastwirt aus Bayern hätte es tun sollen, bevor er teures Steingutgeschirr kaufte und sein Angebot nebst Preisen für eine Zielgruppe konzipierte, die es hier gar nicht gibt.

In Mecklenburg-Vorpommern verdienen die Menschen durchschnittlich tausend Euro weniger im Monat als in Hamburg, Hessen, Baden-Württemberg oder Bayern. Und selbst dort würde niemand 17,95 Euro für eine Currywurst mit Pommes bezahlen. Jedenfalls nicht in einem Imbiss oder Hafen-Bistro am Arsch der Heide. Im

Berliner Adlon verkauft man Currywurst für 26 Euro, den Döner übrigens für stolze 37 Euro, aber dort wollen sich die Gäste diesen dekadenten Irrsinn auch leisten.

Versteh mich nicht falsch, es gibt bestimmt viele tolle Gastrobetriebe im Nordosten, aber die Vertreter*innen der Branche vor Ort sagen ja selbst: Es ist noch Luft nach oben!

Etwa in einer Raststätte an der A24 zwischen Schwerin und Hamburg. Auf meinem Weg nach Westen machte ich eine Pause und wollte schnell etwas essen. Der Appetit verging mir, was zum einen an der Location lag, die seit der Zeit, als dort die innerdeutsche Grenze verlief, offensichtlich nicht renoviert wurde. Wirklich ausschlaggebend war jedoch das Angebot an diesem Lost Place: vertrockneter Brötchenbelag, schmutzige Tische, Kantinenmief und - mein Favorit - eine lieblos hergerichtete Salat-Box für sage und schreibe 15 Euro! Ich fuhr hungrig weiter und fand an der nächsten Raststätte eine Chicken-Teriyaki-Bowl für den halben Preis und mindestens doppelter Qualität.

Damit es zukünftig besser läuft, hat der DEHOGA MV die Ausbildungskampagne GASTRO BURNER gestartet. Gefördert vom Europäischen Sozialfonds, fährt bis 2026 ein Foodtruck auf Schulhöfe, Messen und zu allen relevanten Berufs- und Ausbildungsinformationsbörsen, um Schüler*innen über Ausbildungs- und Karrieremöglichkeiten im Gastgewerbe zu informieren. Eine tolle Idee, wie ich finde. Denn Mecklenburg-Vorpommern ist immer eine Reise wert und nicht nur Touristen, sondern vor allem Einheimische haben eine solide Gastronomie mit gutem Essen und fairen Preisen verdient.

WEITERE INFOS GIBT ES HIER …

buergerinitiative-ruegen.de

gastroburner.de

laiv-mv.de/Statistik

hogapage.de

wiwo.de/durchschnittsgehalt-deutschland

Hamburg

Ähnlich wie Berlin wird auch der Stadtstaat Hamburg seit Jahren blankgeputzt und weichgespült. Investoren finden den sozioökonomischen Strukturwandel super und forcieren ihn. Bewohner*innen und Gewerbetreibende beschimpfen die Gentrifizierung bisweilen als Seelenverkauf.

Etablierte Locations wie das *Chief Brody* in der Schanze müssen für massentaugliche Cocktailbars weichen. Um das legendäre *Molotow* rangen dieses Jahr namhafte Promis. 2014 musste der Club schon einmal umziehen, jetzt wurde den Betreibern zum 30.06.2024 gekündigt. Ähnlich erging es in Berlin diversen Clubs, die sich vor und nach Mauerfall in leerstehenden Gebäuden angesiedelt hatten. Internationale Instanzen der Punk- und Techno-Szene wie der *Tresor* oder *Bunker* am Potsdamer Platz, der *Knaak-Klub*, *Sophienclub*, die *Turbine*, das *E-Werk* oder das *Ostgut* als Vorläufer des *Berghain*. Selbst angesagte Promi-Diskotheken wie der *Dschungel* oder das *Big Eden* gibt es nicht mehr, ebenso die New-Wave-Legende *Linientreu* in Charlottenburg, wo Depeche Mode und David Bowie zu Gast gewesen sein sollen. Kreuzberger Nächte sind lang ... tja, das war einmal. Bald sind sie im SO36 oder an der Großen Freiheit genauso langweilig wie in jeder x-beliebigen Kleinstadt. Denn auch durch Hamburg frisst sich das Clubsterben wie eine Seuche.

Die einstige Stadt der Musik, der Exzesse, der Sternchen und Skandale verliert ihre Seele. Der *Star Club* ist längst vergessen und mit ihm die Beatles, Ray Charles und Jimi Hendrix. Im *Trinity* gingen schon 1993 die Lichter aus, auch hier soll Depeche Mode live gespielt und Prince, Madonna und Grace Jones ausgelassen gefeiert haben. Die Liste der plattgemachten Legenden ist lang, der *Mojo Club* musste 2003 schließen, das *Café*

Keese 1998. Im *Madhouse* am Gänsemarkt soll Meat Loaf Gläser gespült und Mick Jagger die Zeche geprellt haben. Alles Schnee von gestern. An der Reeperbahn nachts um halb eins dröhnt kein Rock 'n Roll mehr, Parties bis zum Morgengrauen sind auch dort leider Geschichte.

Aber hey, es ist nicht alles schlecht. Die Initiative HAMBURGER ORIGINALE beispielsweise möchte die Ambivalenz der Elbmotropole erhalten. VIELFÄLTIG. GEGENSÄTZLICH. ECHT. Mit diesem Slogan, kreativen Kampagnen und inspirierenden Events machen sich seit 2021 mehr als 150 Unternehmen branchenübergreifend stark für ein authentisches, modernes und buntes Hamburg. FÜR DICH. FÜR UNS. FÜR HH.

Ob du in Hamburg deinen Gastrobetrieb führst oder anderswo, es lohnt sich allemal, bei den *Hamburger Originalen* vorbeizuschauen, denn dieses Projekt ist auch in anderen Städten nötig und praktikabel.

Ähnlich wie Coworking-Spaces übrigens, die ja gerade voll im Trend liegen. Beispielsweise im FOODLAB in der Hamburger Hafencity kannst du nicht nur arbeiten und netzwerken, sondern dich mal so richtig ausprobieren. Foodies finden hier flexible Küchenplätze, um ihre Innovationen zu kreieren. Start-ups können im Popup-Restaurant ihre Gastro-Konzepte testen. Das FOODLAB in Hamburg ist ein besonderer Ort mit passender Infrastruktur und einem umfassenden Mentoring.

Schau dich gern mal auf der Website um oder plane deinen Besuch, denn Hamburg ist immer eine Reise wert; nicht zuletzt wegen der guten und wichtigen Messen. Die INTERNORGA zum Beispiel. Mein Auftraggeber Pero Vrdoljak war im März 2024 auf der internationalen Leitmesse und zu Gast beim jährlichen Branchentreff für interessierte Vertreter*innen aus Hotellerie, Gastronomie, Bäckereien und Konditoreien.

Es war viel los in diesem Jahr nach Corona und das Motto ALLE ZUSAMMEN gut gewählt. Live-Pitches, Vorträge, Panel-Sessions, Afterwork-Lounge, Stars und Start-ups der Branche und als Highlight die Wettbewerbe. Der Deutsche Gastro-Gründerpreis wurde am ersten Messetag verliehen. Nach einem spannenden Showdown, bei dem das Publikum vor Ort oder per Live Stream voten konnte, setzte sich unter den sechs Finalisten das Start-up FOOD TRUCKS UNITED durch. Gründerin Franziska Weidner kassierte für ihren jungen Gastrobetrieb, der mitten im Corona-Lockdown entstand, verdient den Preis und 10.000 Euro sowie eine umfassende Beratung durch den Leaders Club Deutschland.

Ebenfalls verliehen wurde auch in diesem Jahr der INTERNORGA-Zukunftspreis in drei Kategorien: Gastronomie & Hotellerie, Nahrungsmittel & Getränke sowie Technik & Ausstattung. Ausschlaggebend für diese wichtigste nationale und internationale Auszeichnung waren Attribute wie unternehmerisches Verantwortungsbewusstsein, vorbildliche Nachhaltigkeitsstrategien und hohe Effizienz.

Den INTERNORGA NEXT CHEF AWARD erhielt Nachwuchskoch Niklas Herrmann aus Frankfurt. Platz 2 und 3 verdienten sich Fouad David Hallak aus Trier und Gedion Beckmann aus Hamburg. Initiator und Pate dieses Preises ist übrigens Johann Lafer, der sich mit hochkarätigen Juroren und einem begeisterten Publikum vom Können der Kochtalente überzeugte. Und last but noch least zu erwähnen ist die 11. Deutsche Meisterschaft der Pizzabäcker, ein wahrer Genuss für Fans und Fachleute.

Vom 14. bis 18. März 2025 findet übrigens die nächste INTERNORGA statt. Wenn du teilnehmen möchtest, melde dich rechtzeitig an!

WEITERE INFOS GIBT ES HIER ...

hamburgeroriginale.com

ndr.de/kultur/musik/jazz/Clubsterben-in-Hamburg

https://foodlab.hamburg

internorga.com/ausstellen-besuchen/anmeldung

Bremen

Wie man es nicht machen sollte, zeigt uns (sorry) Steffen Henssler. Die Presse berichtete über Unappetitliches hinter den Kulissen, der Fernsehkoch bezog in mehreren Interviews und Podcasts Stellung. Im Februar kontrollierten Mitarbeiter des LMTVet Bremen das AHOI BY STEFFEN HENSSLER am Osterdeich und waren wenig begeistert. Hygienemängel, Schimmel im Kühlraum, verdorbener Fisch, unsachgemäße Lebensmittellagerung. Okay, kann passieren. Die Mängel wurden beseitigt, die Behörde war zufrieden, der Fernsehkoch sprach von einem Einzelfall. Nur ein paar Monate zuvor gab es jedoch Schlagzeilen, dass in Borgfeld das HAPPI BY HENSSLER und in der Bremer Überseestadt ein zweites Restaurant schließen werden, obwohl sie nur ein paar Monate zuvor eröffnet worden waren. Konzept und Standort hätten sich als unpassend erwiesen, so die Aussage von Steffen Henssler und dessen Bruder. Stress hatte es wohl schon vorher mit dem Bremer Bauamt gegeben, das in Bremen-Borgfeld 2022 einen Baustopp wegen fehlender Baugenehmigung verhängte und ein Ordnungswidrigkeitsverfahren einleitete.

Tja, auch ein Profi muss nicht immer alles richtig machen und Behörden ist es egal, ob du berühmt bist oder nicht. Ich will da jetzt auch gar nicht lange drauf rumreiten. Aber ein bisschen Gossip-Talk sei erlaubt, denn wir können aus Fehlern lernen, und nur deshalb bringe ich dieses Negativbeispiel, weil es leider keine Ausnahme ist. Der Schauspieler Elyas M'Barek berichtete von seiner Gastro-Pleite im Podcast TOAST HAWAII mit Bettina Rust. Diverse Bars und Restaurants namhafter Hollywood-Stars floppten.

Starkoch Alfons Schubeck sitzt im Knast wegen Steuerhinterziehung, jetzt drohen ihm weitere Anklagen der Staatsanwaltschaft München wegen Subventionsbetrug und Insolvenzverschleppung. Jamie Oliver ging 2019 pleite, plant aber derzeit wohl sein Comeback.

Es ist also völlig wurscht, ob du Promi, Profi oder Newcomer bist, am Ende zählt, ob dein Laden läuft. Und dazu gehört eben die Einhaltung aller Vorschriften - vom Bauantrag bis zur Hygiene. Ob ein Konzept zur Location und Zielgruppe passt, sollte vor der Eröffnung eruiert werden. Klar, oder? Hm, leider nicht.

Natürlich weiß man erst in der Praxis, ob ein Konzept tatsächlich funktioniert. Aber im Vorfeld kann man mit gutem Marketing, zu dem bekanntlich mehr als nur Werbung gehört, durchaus die Marktchancen und das eigene Angebot prüfen. Das geht auf dem Papier, digital oder aber in der professionellen Simulation.

Hamburg hat das FOODLAB, Baden-Württemberg die FoodBRYCKE und Bremen das HANSE KITCHEN. Hier können Gründer*innen und Re-Starter ausprobieren, ob ihre Ideen etwas taugen. An zwei Standorten mit professionellem Küchenequipment bietet Bremen Platz und Raum für die Erprobung und Entwicklung neuer Produkte, Rezepte und Kreationen. In Workshops lernst du unter Gleichgesinnten, was genau für einen erfolgreichen Gastrobetrieb nötig ist. Gemeinsam mit dem *Starthaus Bremen & Bremerhaven* wurden im Accelerator-Programm des HANSE KITCHENs bereits mehrere Bremer Start-ups im Gründungsprozess begleitet.

Und wenn wir schon dabei sind: Wäre so ein Coworking-Space nicht auch was für deinen Gastrobetrieb? Du weißt schon, die Ladenmieten werden nicht billiger. Das Start-up TAPDESK aus Bremen ist momentan dabei, Gastronom*innen zu vernetzen, die außerhalb der regulären Öffnungszeiten ihr Restaurant, ihre Bar oder Kneipe als *Self-Service-Arbeitsplatz* anbieten. Ohne zusätzliches Personal, ohne viel Aufwand. Klingt gut? Könnte es auch sein. Schau dir gern den Artikel im Online-Magazin KTCHNrebel an. Den Link findest du hier ...

WEITERE INFOS GIBT ES HIER ...

hansekitchen.de/accelerator-programm

tapdesk.de/gastro-betriebe

genussguide-hamburg.com/news/henssler

sueddeutsche.de/muenchen/alfons-schuhbeck

forbes.at/artikel/koenig-jamie-kehrt-zurueck

toast-hawaii.podigee.io/episodes

ktchnrebel.com/coworking-spaces-
erfolgskonzept-gastronomie

Falls dich das Thema interessiert: Pero berichtet in seinem aktuellen Praxishandbuch über diesen Trend und viele weitere substanzielle Chancen für Gastronom*innen, die ihr Angebot lukrativ erweitern wollen.

Im Anschluss an meine Geschichten, quasi als Kompott, findest du eine kurze Leseprobe. Das Buch gibt es überall im Handel.

www.gastro-coaching.de

Schleswig-Holstein

Wo der Labskaus zu Hause ist und sich neuerdings sogar Buckelwale blicken lassen, ist einiges los. Aus 365 Tagen wurden letztes Jahr laut Tourismusverband 230 Millionen Aufenthaltstage, 38 Millionen gebuchte Übernachtungen und 9,3 Millionen Gäste. Dreimal so viel, wie Schleswig-Holstein Einwohner hat. Wow! Ist das gut oder schlecht?

Na ja, kommt drauf an, wen du fragst. Der stetig wachsende Tourismus bedeutet eine Herausforderung für Ortsansässige, Stress für die Natur und eine tolle Chance für Unternehmen - nicht nur in St. Peter-Ording oder auf Sylt, wo der Bau neuer Ferienwohnungen mittlerweile reglementiert und Eintrittspreise diskutiert werden. Die einen machen sich Sorgen über zu viele Touristen, die anderen über zu wenig. Auf Fehmarn zum Beispiel. Seit sechzig Jahren!

Auf dieser wirklich schönen Insel habe ich mich im April 2024 umgesehen, nachdem ich gefühlt zwei Stunden brauchte, um eine winzige Brücke zu überqueren, die Fehmarn mit dem deutschen Festland verbindet und in den 1960ern für jede Menge Streit sorgte. Schon damals wurde geunkt, dass mit der *Fehmarnsundbrücke* die Insel im Massentourismus untergehen würde. Diese düstere Prophezeiung verwirklichte sich nicht, ebenso wenig die gegensätzliche Angst, dass Touristen verschreckt würden.

Auch heute wird wieder ähnlich von Beltrettern und Bürgerinitiativen argumentiert, Gerichte werden bemüht, Umweltverbände schlagen Alarm, vom ökonomischen Größenwahn ist die Rede. Im März 2024 reichte Fehmarn Klage gegen die Bundesrepublik Deutschland ein, weil der gleichzeitige Ausbau der Schienenhinterlandanbindung, die Elektrifizierung der Bahnstrecke auf der *Fehmarnsundbrücke* und der Neubau des *Fehmarnbelttunnels* eine zu große Belastung für die Region darstellt. Ich verstehe das. Bei solchen monumentalen Bauprojekten wird es immer Für und Wider geben. Bleibt also zu hoffen, dass sich möglichst bald alle Beteiligten gütlich einigen, die Verbindung nach Dänemark fertiggestellt wird und Touristen mit dem Zug in weitaus kürzerer Zeit die Ostsee überqueren können. Europa wächst zusammen, ab 2029 fährt man in zweieinhalb Stunden von Hamburg nach Kopenhagen. Geplant und beschlossen wurde dieses Großprojekt zwischen Deutschland und Dänemark bereits 2008 mit einem Staatsvertrag. 2015 bescheinigte ein regionales *Entwicklungskonzept als Folge des Baus der festen Fehmarnbeltquerung* eine Chance für den Tourismus allein schon durch die bessere und schnellere Erreichbarkeit. Der Fehmarnbelttunnel würde zum unverwechselbaren Wahrzeichen und insbesondere strukturschwache Regionen zu Profiteuren der skandinavisch-mediterranen Achse werden. Soweit die Theorie anno 2015.

Neun Jahre später ist von Aufbruchstimmung nicht besonders viel zu spüren. Okay, der *Yachthafen Burgtiefe* wurde saniert und sieht wirktlich hübsch aus. Doch diverse Gastrobetriebe am Südstrand, also in bester Lage, waren nach dem Saisonstart 2024 geschlossen, mit Bauzäunen verbarrikadiert, dem Wetter überlassen. Kein Einzelfall übrigens. Viel zu viele Gastrobetriebe mussten in den vergangenen Jahren an Nord- und Ostsee schließen, weil kaum noch Personal zu finden ist.

Ändert sich nichts an dieser prekären Situation, muss auch niemand mehr den Massentourismus fürchten.

Ob die Generation Z mit ihren hedonistischen Ansprüchen tatsächlich der Tod für das Gastgewerbe in Schlewsig-Holstein sein wird? Der NDR hat im April 2024 dazu einen tollen Artikel gemacht und sowohl betroffene Gastronom*innen als auch Vertreter*innen der GenZ befragt. Den Link habe ich dir am Ende dieses Kapitels angefügt.

Über das existenzielle Problem des Personalmangels wurde dieses Jahr auch in Husum, Theodor Storms grauer Stadt am Meer, gesprochen und nachhaltige Lösungen während der NORD GASTRO & HOTEL vorgestellt. Neben internationalen Foodtrends und norddeutscher Kulinarik ging es um nichts Geringeres als die ZUKUNFT DER GASTRONOMIE. Ein weiteres Thema dominierte das Programm beim alljährlich stattfindenden Branchentreff des Nordens im Februar 2024: MEHRWERTSTEUER UND MINDESTLOHN. Tenor der Vorträge war, dass es schlichtweg nicht reicht, die Preise zu erhöhen und darauf zu hoffen, dass alles wie früher wird. Die Zeiten ändern sich rasant, der strukturelle Wandel betrifft auch und vor allem die Gastronomie. Ob und wie Künstliche Intelligenz helfen kann, die aktuellen Herausforderungen zu bewältigen, wurde während der Messe im Talk »Tasting the Future – KI im Gastgewerbe« diskutiert. Teilnehmende dieser Gesprächsrunde waren der Minister für Digitalisierung und Medienpolitik des

Landes Schleswig-Holstein, Dirk Schrödter, die Fachleute für KI-basierte IT-Lösungen Christoph Digwa und Olga Heuser sowie Hotelier Niels Battanfeld, der in seiner Gastroküche bereits einen KI-Koch-Roboter einsetzt. Es bestand Einigkeit darüber, dass der Einsatz digitaler Helfer zukünftig entscheidend sei. Nicht nur beim Kochen, Bestellen und Bezahlen, sondern bei der Personalplanung, der Einkaufsoptimierung und Lagerverwaltung, im Bestands- und Lieferketten- sowie Energiemanagement. Für die erfolgreiche Umsetzung der neuen Technologien und professionelle Unterstützung aller Unternehmen in Schleswig-Holstein wurde von der Landesregierung das EU-finanzierte Netzwerk KI.SH gegründet. Die entsprechende Website habe ich dir im Kasten weiter hinten verlinkt.

Die nächste FACHMESSE FÜR GENUSS & GASTLICHKEIT im Norden findet übrigens am 10. und 11. Februar 2025 wieder in Husum statt. Dann wird das Motto sein: GEMEINSAM SCHMECKT'S AM BESTEN! Den Link zur Anmeldung findest du auf der nächsten Seite ...

Falls du bisher neidisch warst, dass es Coworking-Spaces nur in Hamburg, Bremen oder Baden-Württemberg gibt. Nee, auch Schleswig-Holstein hat so einen wunderbaren Tüftlerort zu bieten. Im COCINA - COWORKING KITCHEN KIEL kannst du eine voll ausgestattete Produktionsküche mieten, und zwar egal, ob du Neuling oder alter Hase im Gastrogewerbe bist, ob du längerfristig oder nur für einen Tag diese professionelle

Umgebung brauchst. Das COCINA-Team verspricht ein gastronomisches Potpourri verschiedener Leistungen - von Lagermöglichkeiten bis zum mobilen Küchen-Messestand, seriöses Knowhow, regelmäßige Netzwerkstreffen sowie Kooperationen mit Institutionen der Wirtschaftsförderung und Gründungsexpert*innen.

Im CoWorkLand findest du den Kontakt zum COCINA in Kiel und viele weitere Coworking-Spaces. Schau dich um! Es gibt so viele großartige Projekte und Innovationen in der Gastroszene, von denen nur ein einziges dich zum Weitermachen oder Bessermachen motivieren kann. Beispielsweise der Verein FEINHEIMISCH – Genuss aus Schleswig-Holstein e.V. Ein regionales Netzwerk aus Gastronom*innen, Produzent*innen, gewerblichen und privaten Förderern.

WEITERE INFOS GIBT ES HIER ...

coworkland.de/de/spaces/cocina-coworking

feinheimisch.de

dehoga-sh.de

nordgastro-hotel.de

kuenstliche-intelligenz.sh/de

ndr.de/Generation-Z-der-Tod-der-Gastronomie

femern.com/fortschritt-am-deutschen-tunnelportal

Brandenburg

Ein Bundesland, das besser ist als sein Ruf. Wenn auch nicht überall, so doch in weiten Teilen hat Brandenburg die sozialistische Planwirtschaft längst überwunden. Die Landflucht war und ist hier ein großes Problem, was jedoch durchaus Chancen in sich birgt. Großstädter siedeln sich an, Berlin expandiert. Nicht immer erfolgreich und nicht ausschließlich mit Zuspruch der einheimischen Bevölkerung. In Brandenburg ist einiges im Umbruch, weshalb ich mir den hübschen Vorgarten der Hauptstadt gern mal etwas näher angeschaut habe. Und das übrigens keinesfalls durch die Rosabrille der Großstadt-Elite. Nein! Ich möchte eine Lanze für dieses Bundesland brechen, in dem so verdammt viel Potenzial steckt.

Wer nach Brandenburg fährt, muss kein Essen mitbringen, wie einst Rainald Grebe sang und heute nach eigener Aussage nicht mehr singen würde. Vor allem Potsdam hat sich seit der Wende gemausert. Die in der DDR dem Verfall ausgelieferten Renaissance-Bauten erstrahlen heute im neuen Glanz. Nur mit Gloria will es nicht so recht gelingen. Etwa bei Fernsehikone Günther Jauch, der die Villa KELLERMANN denkmalgerecht sanieren ließ und dort 2019 ein Restaurant eröffnete. Dafür erhielt er die Auszeichnung GASTRONOM DES JAHRES.

Der Restaurantführer GAULT&MILLAU bescheinigte der Villa, ein Stück Kulturgut zu sein. Im legendären Heim des Schriftstellers Bernhard Kellermann, bekannt durch seinen Roman DER TUNNEL, traf sich bis Anfang der Neunziger die ostdeutsche Künstlerszene, war die Villa am Heiligen See doch Sitz des Kulturbunds der DDR gewesen. Beste Startchancen also für Jauch und sein Team, nur dann kam Corona ... und der Krieg ... die Inflation ... und ... und ... und ...

Geschäftsführer Manfred Dengel äußerte gegenüber der Presse, dass im Juni 2024 das Restaurant schließen wird. Er nannte die chronische Personalknappheit und die gestiegenen Betriebskosten als Grund für das Aus. Tja, es geht den Menschen wie den Leuten.

Trotzdem bleibt die Branche in Brandenburg zuversichtlich, wie auf der Website des Branchenverbandes HOGAPAGE nachzulesen ist. Die Buchungen seien vielversprechend, gibt Dieter Hütte, Chef der Tourismus Marketing Brandenburg, Auskunft. Sowohl in den Beherbergungsbetrieben als auch auf den Campingplätzen übertreffe die Nachfrage sämtliche Erwartungen. Vor allem am Wasser, wovon Brandenburg reichlich zu bieten hat. An der Havel in Rheinsberg und Neuruppin oder im stetig beliebter werdenden Spreewald, der knapp 1,8 Millionen Übernachtungen in den ersten drei Quartalen 2023 verbuchte. Wenn DER OSTSEE demnächst vollgelaufen ist, könnte die vom Tagebau jahrzehntelang gebeutelte Region auf weitaus schönere Weise endlich wieder boomen.

Aber Brandenburg hat noch mehr zu bieten, zum Beispiel über 500 Schlösser und Herrenhäuser und selbstredend jede Menge Natur. Es könnte alles so schön sein, wäre da nicht das Wörtchen WENN. Der DEHOGA BRANDENBURG spricht von einer wachsenden Preissensibilität und meint damit die üblichen Sorgen der Branche. Nur reicht es eben nicht, sich über steigende Kosten und fehlendes Personal zu beschweren.

Es müssen Lösungen her!

Für eine Image-Verbesserung des Gastgewerbes in Brandenburg startete das Seenland Oder-Spree eine

Werbe-Kampagne und besuchte diverse Hotels und Restaurants in der Region. Hoteliers, Restaurantchefs, Köche und Azubis kamen zu Wort, sprachen über ihren Beruf und warben mit dem Slogan DAS IST DEIN SEENLAND ODER-SPREE leidenschaftlich für die Gastronomie. Nachzulesen übrigens auf der HOGAPAGE, den Link findest du im Kasten weiter hinten ...

Deshalb regnet es nicht spontan Fachkräfte vom Himmel. Aber mit Jammern löst man schließlich auch keine Probleme. Umdenken ist angesagt. Aus der Not eine Tugend machen. Und mal ehrlich: Wenn das jemand kann, dann die Menschen im Osten, die im Mangel der sozialistischen Planwirtschaft lernen mussten, aus Scheiße Bonbons zu machen.

Und so hat alles Schlechte auch immer was Gutes. Die Pandemie etwa beschleunigte Trends und setzte sogar komplett neue Potenziale frei. Homeoffice war im Lockdown ein Muss für viele Angestellte. Mit der Digitalisierung etabliert sich seit Jahren nicht mehr nur bei Selbständigen und Kreativen eine völlig neue Form des Arbeitens. Raus aus der Stadt, hinaus aufs Land. Wo man so schön weit gucken kann, die Gedanken freien Lauf haben und die Mieten noch bezahlbar sind. Aus längst vergessenen Konsum-Läden, LPG-Ställen und HO-Gaststätten werden moderne Coworking-Spaces.

Okay, Brandenburg hat wie jedes andere Bundesland ein massives Problem mit flächendeckendem Internet, aber der Trend ist klar erkennbar und der Nutzen ebenfalls. Denn jedes sanierte Gebäude konserviert ein Stück Geschichte, bringt neues Leben, reaktiviert marode Infrastruktur.

Oder? Was sagst du? Gehörst du zu denen, die sagen, so ein neumodischer Coworking-Space ist kein ordentliches Gastrounternehmen? Na ja ...

In der Schorfheide gibt es beispielsweise ein Hotel, das neben dem üblichen Beherbergungsbetrieb plus Restaurant eine WORKATION anbietet. In der Offsite Brandenburg kann man nämlich wunderbar das Nützliche mit dem Angenehmen verbinden: Work + Vacation = Workation. Eine knappe Stunde von Berlins City entfernt, bieten Firmen ihren Mitarbeiter*innen beispielsweise im GUT SARNOW eine Wertschätzung, die steuerlich absetzbar ist und zudem auch noch die Kreativität im Team und damit die Produktivität steigert.

Man könnte sagen, diesen Trend bringt uns der Klimawandel. Lies gern nach, was der Tourismusverband Brandenburg darüber geschrieben hat. Den Link findest du ... ja, genau.

Während solche Teambuilding-Events früher im Ausland stattfanden, besinnt man sich heute auf den guten alten Pragmatismus oder aber Goethe: *»Willst du immer weiter schweifen? Sieh, das Gute liegt so nah. Lerne nur das Glück ergreifen, denn das Glück ist immer da.«*

Apropos Mitarbeiter-Benefit: Im Löwenberger Land bietet MARKTKOST im Liefergebiet Berlin, Brandenburg und Leipzig einen Mittagstisch der besonderen Art. Per

Abo können Arbeitgeber*innen ihrem Team ein wöchentlich wechselndes Lunch-Menü direkt ins Büro oder aber in den Coworking-Space liefern lassen. IM GLAS! Ja, genau. Kein Einweg-Verpackungsmüll, dafür saisonal, regional, verantwortungsbewusst und gesund.

Wie MARKTKOST gibt es mittlerweile viele moderne Gastrobetriebe in Brandenburg. Innovativ und modern, kein ostzonaler Mitropa-Mief. Falls du zu den Skeptikern gehörst, die immer noch aus dem Westen von oben herab auf den Osten schauen, möchte ich dir empfehlen, nicht ausschließlich die Klischees im Blick zu haben, sondern die Menschen mit all ihren Bedürfnissen, Ideen, Sehnsüchten und Stärken. Solltest du dich für Brandenburg als Standort interessieren oder als Heimische/r Impulse brauchen, empfehle ich dir den Podcast BRANDENBURG.LAND - ZWISCHEN LANDFLUCHT UND LANDLUST. Übrigens für das Erwähnen bekommen Pero und ich keinen Cent.

WEITERE INFOS GIBT ES HIER ...

villakellermann.de

hogapage.de/wirtschaft/tourismus

hogapage.de/seenland-oder-spree-kampagne

tourismusnetzwerk-brandenburg.de/workation

www.dehoga-brandenburg.de

marktkost.de

brandenburg.land/podcast

Niedersachsen

Zu welch unkonventionellen Methoden Gastwirte in puncto Personalmangel greifen (müssen), zeigt das Beispiel eines Hotelchefs in Niedersachsen. Der NDR berichtete im April 2024, dass Phillipp von Stumm eine Prämie in Höhe von stolzen 11.000 Euro ausgeschrieben und tatsächlich vier neue Mitarbeitende gefunden hat. Eine solch offensive Stellenausschreibung könnte durchaus Mode machen angesichts der 65.000 fehlenden Fachkräfte in der Hotellerie und Gastronomie bundesweit - laut DEHOGA, der übrigens nicht ganz zu unrecht skeptisch ist, ob »Kopfgelder« tatsächlich fähige Leute anwerben. Aber es ist eben nicht das Geld allein. Zudem bietet der Hotelchef in Soderstorf seinem Personal eine Vier-Tage-Woche, regelmäßig freie Wochenenden und bezahlbare Wohnungen um die Ecke. Klar, das musst du dir erst mal leisten können. Aber bezahlbares Wohnen ist gerade in ländlichen Touristenhochburgen ein wichtiges Thema. Wenn die Wege zu weit, die Mieten zu hoch und die Work-Live-Balance nicht gewährleistet ist, wirst du heute kaum noch Fachkräfte finden, nicht mal Mindestlöhner. Denn die Zeiten, als in der Gastronomie ungelernte Jobber für Peanuts bis zum Umfallen geschuftet haben, sind definitiv vorbei.

Anreize müssen her!

Das Wirtschaftsministerium in Niedersachsen investiert kräftig. Etwa mit dem FÖRDERPROGRAMM NSeed. Dafür stellt das Land mit Unterstützung der EU und in Kooperation mit der NKB 25 Millionen Euro zur Verfügung. Nicht ganz uneigennützig, denn mit der Investition sichert sich das Land Niedersachsen eine Beteiligung an den geförderten Unternehmen, die später gewinnbringend veräußert und in weitere Start-ups investiert werden sollen. Eine Win-Win-Situation, wenn es gut läuft. Und damit es gut läuft, haut Niedersachsen direkt noch mehr Geld raus für neue Start-up-Center, zum Beispiel die Gründerplattform startup.niedersachsen und Matching-Veranstaltungen zur Vernetzung junger und etablierter Unternehmen. Nicht nur in der Gastro-Branche, aber eben auch. Unter dem Motto MACHEN EINFACH MACHEN stellt sich Niedersachsen der Zukunft. Ich finde, das macht dieses Land der Vielfalt ziemlich gut.

Und der Nachwuchs steht schon in den Startlöchern. Aus der Generation Z - wie Zukunft, nicht wie der letzte Buchstabe im Alphabet. In Lingen haben fünf Gymnasiasten aus der Not eine Tugend gemacht und die App EASYSNACK entwickelt. Warum? Wozu? Wieder nur Firlefanz für verwöhnte Kinder? Auf gar keinen Fall!

Die fünf Kids hatten keine Lust, ewig in der Mensa zu warten, weil jede/r nach Kleingeld kramt. Sie wollten mit ihren Freund*innen gemeinsam essen, statt den Großteil der Pause in der Schlange zu stehen. Voilà! Via App kann jetzt das Essen in der Mensa bestellt und über einen QR-Code abgeholt werden. Die Bezahlung erfolgt mit einem PayPal-Konto, das bei Minderjährigen von den Eltern aufgeladen wird. Wer kein eigenes Smartphone hat, nutzt die Technik in der Schule. Tja, so einfach kann es gehen. Wenn das nicht die Zukunft ist! Ich kenne aus meiner Schulzeit noch winzige Essenmarken aus Papier, die ich beinahe jeden Mittag panisch suchte. Denn hattest du die Marke verloren, gab es kein Essen. Basta!

Aber zurück in die Zukunft und nach Lingen. Mit der Bestell-App reduzierten sich die Wartezeiten, der Mensabetreiber kann besser kalkulieren und es landen weitaus weniger Lebensmittel im Müll. Kein Wunder also, dass die App hohen Zuspruch erfährt. Die Stadt Lingen sowie der Landkreis Emsland machen sich stark für die fünf Kids, die ihre App bald über die Grenzen Niedersachsens hinaus anbieten wollen. Erste Gespräche laufen mit Interessenten in Deutschland und Österreich, wie der NDR im März 2024 berichtete. Erst das Abitur, dann ein Start-up. Chapeau! Da kann man doch nur gutes Gelingen wünschen.

Was das mit deinem Gastrobetrieb zu tun hat? Na ja, vielleicht gar nichts, vielleicht aber auch sehr viel. Die Zeitenwende birgt Chancen und die Kids von heute sind die Kunden von morgen. Es kommt auf dich an, wie gut du dich auf diese potenziellen Gäste vorbereitest, die den wertschätzenden Umgang mit Ressourcen nicht nur in der Schule lernen, sondern für die ebendieser zukünftig existenziell sein wird. Müllvermeidung steht schon heute hoch im Kurs. Effizienz wird morgen anders gedacht. Vor allem digital. Falls du jetzt sagst: Was soll ich damit? Es ging doch bisher auch ohne. Na ja, bisher ist eben vorbei. Vielleicht nicht in jeder Kneipe, aber wie lange noch?

Wenn du die Gründe, warum es bei euch nicht gut läuft, immer nur negativ denkst, Trends als Bedrohung wahrnimmst und den Neunzigern nachweinst, wirst du leider auf keinen grünen Zweig mehr kommen. Klar, man muss sich nicht bedingungslos dem Mainstream beugen. Fangen wir doch damit an, die Realitäten anzunehmen und daraus das Beste zu machen. Ja, das bedeutet Aufwand, Geld und Zeit - ohne Frage. Aber Hand aufs Herz! Ist nicht genau das der Job aller Unternehmer*innen?

Ich bin für dich schon mal auf die Suche nach geeignetem Input gegangen und fand die Plattform Niedersachsen Digital e.V. Im September 2024 fanden zudem in Leer die DIGITALEN WOCHEN statt. Schwerpunkt in diesem Jahr war die Künstliche Intelligenz und Social Media in den Bereichen Landwirtschaft, Gastronomie und Maritimes. Du bist also nicht allein. Klick dich gern durch die Links und ...

Wie sagt Pero so schön?
HÖR NIE AUF, NEUGIERIG ZU SEIN!

WEITERE INFOS GIBT ES HIER ...

startup.nds.de

dehoga-niedersachsen.de

foerderdatenbank.de

easysnacks.app

niedersachsen.digital/gastro-4-0

digitalagentur-niedersachsen.de/digitale-wochen

gut-thansen.de/aktuelles-artikel/beitrag-vom-ndr

Sachsen-Anhalt

Im Land der Frühaufsteher, wo der Baumkuchen her-
kommt, der Harzer Käse erfunden wurde und die Hallo-
ren-Kugeln sich einen Namen machen, sieht es leider
mau aus, wenn man spontan hungrig ist. An einem
Sonntagmittag im Mai suchte ich im schönen Mansfel-
der Land nach einem gastronomischen Etablissement.
Meine bescheidene Vorstellung: Irgendwas Essbares,

bestenfalls draußen in der Sonne. Nach zwei Stunden Suche und zahlreichen Fehlschlägen in Restaurants und Hotels, die laut Google geöffnet, aber dann doch geschlossen hatten, fuhr ich weiter Richtung Aschersleben. Irgendwo im Nirgendwo fand ich eine gemütliche Gaststätte, aß ein gut gemachtes Schnitzel mit Bratkartoffeln und wollte mit Karte bezahlen ... oder via PayPal oder sonst irgendwie digital. Nope! Also fragte ich die freundliche Kellnerin Saskia nach dem nächstgelegenen Bankautomaten. Ihre Antwort: »Der hier im Dorf wurde neulich abgefackelt, der im nächsten Ort auch.« Also verbrachte ich eine weitere Stunde damit, Bargeld aufzutreiben.

Hatte ich vielleicht einfach nur Pech? Ich hoffe es für Sachsen-Anhalt! Wobei das Automatensprengen hier offenbar zum Volkssport gehört. Ich verlinke dir mal einen Beitrag des MDR.

Den Werbeslogan LAND DER FRÜHAUFSTEHER, dessen Bewohner*innen durchschnittlich neun Minuten eher aus dem Bett steigen sollen als anderswo, hat sich jedenfalls DIE FRISCHEMANUFAKTUR zu eigen gemacht. Ein Deutsche-Einheit-Start-up, wie es auf der Website heißt. Ein buntes Team mit hoher Innovationsbereitschaft und dem Ziel, der Lebensmittelverschwendung den Kampf anzusagen. Hm, Kampf ist auch so ein Begriff aus den Neunzigern. Verantwortungsbewusstsein trifft es wohl besser. Die Idee: Warum eine ganze Melone kaufen, wenn ich nur ein Stück essen will? In der

Gründerstory wird ehrlich über Fehler gesprochen, über Probleme im Herstellungsprozess, Ärger mit Produzenten, Abnehmern und Regularien. Aber ich lese auch ganz viel Zuversicht, die hohen Qualitätsansprüche zu halten und mit LIEBLINGSWASSER einen Beitrag zu mehr Nachhaltigkeit und gesünderem Trinken zu leisten. Mittlerweile kann man es unter anderem bei REWE kaufen.

Was ich dir mit diesem Beispiel sagen will? Na ja, das liegt doch auf der Hand: DRANBLEIBEN LOHNT SICH! Wer glaubt, es würde heutzutage reichen, einfach nur ein paar Tische und Stühle in einen Raum oder vor die Tür zu stellen und der Drops sei gelutscht, täuscht sich gewaltig. Selbst wenn das Gastrosterben mancherorts kaum noch aufzuhalten ist, sind da immer noch die Menschen mit ihrem Bedürfnis nach Geselligkeit, nach gutem Essen. Pero nennt in seinem Buch konkrete Zahlen, die belegen, dass die Mehrheit der deutschen Bevölkerung sehr wohl bereit ist, für gesunde und nachhaltig produzierte Lebensmittel Geld auszugeben. Die Frage ist eben nur, ob in deinem Gastrobetrieb oder bei der Konkurrenz. Deshalb wiederhole ich mich gern, wenn ich sage: Vom Jammern wird die Welt nicht besser. Nutze deine Energie also bitte für die Lösung der Probleme und beklage sie nicht länger. Das machst du bereits? Sehr gut! Kannst du dich deshalb zurücklehnen? NIEMALS!

Was können Gastronom*innen in Sachsen-Anhalt tun, um dem derzeit größten Problem Herr zu werden, dass kein Personal zu finden ist? Auf der HOGAPAGE ist von mehr Ruhetagen und einem notwendigen Imagewechsel die Rede. Okay, geht's auch konkreter?

Sorry, ich habe leider nichts erwähnenswert Positives für die Gastrobranche in Sachsen-Anhalt gefunden. Warum eigentlich? Was ist los im Land der Frühaufsteher? Wo sind die fleißigen Hände, die kreativen Köpfe, das Eigenengagement? Ihr habt Martin Luther, den Hexentanzplatz und mit dem Dom zu Magdeburg das älteste gotische Bauwerk unserer Republik. Da kann der in Köln oder Berlin doch gar nicht mithalten! Sachsen-Anhalt gehört zu Deutschland wie Rotkäppchensekt zur Frauentagsfeier. Es gibt so viel zu sehen, zu lernen, zu entdecken, zu genießen zwischen Salzwedel und Zeitz, zwischen Saale und Unstrut. Warum zeigt ihr die historischen Orte, die wunderbare Natur, das Herz des Harzes nicht der Welt, die sicherlich gern bei euch zu Gast ist?

WEITERE INFOS GIBT ES HIER ...

dehoga-sachsen-anhalt.de

mdr.de/nachrichten/sachsen-anhalt/bilanz-gesprengte-automaten

diefrischemanufaktur.de

hogapage.de/gastronomie-in-sachsen-anhalt-braucht-einen-imagewechsel

Hessen

Was hat Hessen eigentlich nicht - außer das Meer? Trotz globaler Krisen wächst hier die Wirtschaft. Gemessen am BiP ist Hessen das reichste Bundesland der Republik. Der Flughafen in Frankfurt/Main ist größer und schöner als der in Berlin. Der Wein schmeckt besser als in Bayern (munkelt man). Prächtige Schlösser, finanzstarke Metropolen, satte Natur und viel Wasser. Vom

Odenwald bis ins Rheingau, vom Römerberg bis zum Taunus, von Wiesbaden bis Bad-Homburg - hier ist die Gastro-Welt noch in Ordnung. Oder?

Leider nicht! Im April 2024 zitierte die SZ den Hauptgeschäftsführer des DEHOGA Hessen Oliver Kasties. Gemäß einer Umfrage des Branchenverbandes sind die Umsätze im hessischen Gastgewerbe unter Vorjahresniveau und auch niedriger als vor der Pandemie. Die Mehrwertsteuererhöhung spielt eine Rolle, allerdings erst an fünfter oder sechster Stelle, wie Kasties betont.

Am meisten beutelt Gastronom*innen und Hoteliers die Bürokratie. Und damit meint er nicht die Steuererklärung, sondern Dokumentationspflichten, Hygieneverordnungen, Datenschutz, Brandschutz, Arbeitssicherheit und die Transparenz in Bezug auf Lebensmittel. Die Menschen möchten wissen, woher ihr Essen kommt und was drin ist. Aus Gründen! Speisekarten müssen angepasst, Personal muss geschult werden. Wenn man denn Personal hat.

Kurzum: In Hessen ist zwar manches schöner, doch nicht alles besser. ABER, du weißt schon, vom Jammern und so ... Dann lieber das Glück an der Wurzel packen. Im Februar 2024 brachte BIOHANDEL.DE ein Herstellerportrait über das Frankfurter Start-up-Unternehmen VERRANO. Die drei Gründer Maximilian Bubenheim, Felix Linnenschmidt und Manuel Siskowski glauben fest an ihr Räuchergemüse. Und damit stehen sie nicht allein. Ein Urgestein in puncto Nachhaltigkeit, Ökologie und Wirtschaftsethik nahm sich der Idee an. Volker Schmidt-Sköries, Chef der Bäckereikette BIOKAISER, war anno 2022 bei einem zufälligen Treffen auf der IMPACT WEEK spontan begeistert, obwohl es seinerzeit nicht mehr als ebendiese Idee gab.

Geräuchertes Wurzelgemüse wie Rote Bete, Steckrübe oder Sellerie, fein geschnitten als alternativer Brotbelag? Hm, klingt erst mal seltsam. Aber dem Bio-Bäcker schmeckte es. Er ließ seinen Produktentwickler ran und seit September 2023 werden in Frankfurt Bio-Backwaren mit VERRANO-Naturprodukten belegt, die im Clean-Smoke-Verfahren geräuchert wurden. Jetzt wird daran getüftelt, die veganen Feinkostprodukte auch anders zu verwenden, beispielsweise gehobelt über Pasta oder als Pizza-Topping. Einige Gastronom*innen und Foodies sind bereits auf den Geschmack gekommen.

Falls du Lust hast, die Käse- und Wurst-Alternative auch in deinem Restaurant oder Foodtruck anzubieten, dann schau bitte direkt auf die VERRANO-Website. Alle wichtigen Links findest du im Kasten am Ende dieses Kapitels.

Und wenn wir schon bei Erfolgsgeschichten sind, die dich definitiv mehr motivieren sollten als Pleiten, Pech und Pannen, möchte ich dir noch CLOUDEATERY vorstellen. Ein komplett digital und divers gedachter Lieferservice als Antwort auf den Personalmangel. Der USP von THE FASTEST FOOD PLAZA überzeugte 2022 unter anderem TV-Moderator Johannes B. Kerner, der als Investor einstieg. Das erste Delivery-Kitchen wurde noch im selben Jahr in Frankfurt eröffnet, mittlerweile gibt es eine CLOUDEATERY-FoodHall in Berlin und zwei Take-Away-FoodSpots in Köln und München. Im digitalen FoodCourt sind alle Prozesse - sowohl in der Küche als auch beim Bezahlen - digital. Bestellt wird via App, geliefert über ortsansässige Unternehmen wie Lieferando oder Uber Eats. Die sieben DeliveryBrands (hauseigene Marken) bieten schnelles Essen von gutbürgerlich bis vegan und healthy, von asiatisch scharf bis lecker süß.

Du siehst also, es tut sich was in vielerlei Hinsicht, vor allem aber in puncto Personalmangel. Auch wenn es in der Bibel anders steht, kann sich zumindest kein irdisches Wesen Fach- und Aushilfskräfte aus der Rippe schneiden. Falls es dir also wie so unfassbar vielen Gastronom*innen geht, solltest du dich spätestens jetzt mit den digitalen Möglichkeiten befassen, die bereits zahlreich auf dem Markt sind. Auch darum geht es natürlich in Pero Vrdoljaks Buch GASTRONOMIE AM PULS DER ZEIT.

Was ich spezifisch für Hessens Digitalisierung in der Gastronomie gefunden habe, findest du ... genau, im Kasten. :-)

WEITERE INFOS GIBT ES HIER ...

sueddeutsche.de/gastgewerbe-dehoga-hessen

gastrodigital-hessen.de

dehoga-hessen.de/digitale-angebote

ihk.de/hanau/digitalisierungsoffensive

cloudeatery.kitchen

biohandel.de/das-glueck-an-der-wurzel-packt

verrano.de

Sachsen

Eine Erfolgsgesichte der besonderen Art habe ich in Sachsen gefunden. Genauer gesagt: beim Team vom KULTURBAHNHOF LEISNIG E.V. Was im Lockdown anno 2020/2021 als Wintermärchen begann und sicherlich von Skeptikern belächelt wurde, kassierte im April 2024 den SÄCHSISCHEN GRÜNDERPREIS. Drei Jahre zuvor war das historische Bahnhofsgebäude (erstmals eröffnet

1867) nicht mehr als eine heruntergekommene Ruine gewesen. Zwei Musiker und ein Architekt taten sich zusammen, eröffneten einen Biergarten, bauten eine Bühne für den Musiksommer, suchten Mitstreiter und Sponsoren für die Sanierung und ackerten rund um die Uhr an der Verwirklichung ihrer Idee, aus diesem vergessenen Ort eine pulsierende Begegnungsstätte zu machen.

Für die lokale Gemeinschaft.

Für Respekt und Toleranz.

Für ein internationales Kulturnetzwerk.

Und es ist ihnen gelungen.

In Sachsen! Chapeau!

Falls du immer noch zu denen gehörst, die mit der Klischee-Brille auf den Osten schauen, um nur die Prozentzahlen der AfD-Wähler*innen zu sehen, statt mutige, innovative und tatkräftige Menschen, kann ich dir leider auch nicht helfen. Falls du hingegen mit dem Gedanken spielst, einen Bahnhof zu kaufen, solltest du dich beeilen. Die Bahn macht mobil, auch wenn das kaum zu glauben ist. Aber ich weiß aus sicherer Quelle, dass im Rahmen der grünen Transformation an Konzepten gefeilt wird, alte Bahnhöfe wieder ans Schienennetz anzubinden. Die Preise für solche Immobilien könnten also demnächst wieder steigen.

Und falls du jetzt euphorisch auf die Suche gehen solltest, bedenke bitte, dass ein solches Projekt (egal, ob Bahnhof, Schiff, Villa oder Industriegebäude) eine

Mammutleistung darstellt. Denkmalschutz, tausende Anträge, unzählige Vorschriften und Überraschungen in der Bausubstanz könnten dein Vorhaben bremsen und dich schlimmstenfalls in den Ruin treiben. Pero kann davon ein Liedchen singen. Er kaufte 2018 einen Bahnhof im schönen Münsterland, entwickelte ein schlüssiges Konzept und scheiterte an der Bürokratie.

»Bevor ein *Projekt dich auffrisst, zieh lieber die Reißleine«*, ist sein praktischer Rat. Peros Konzept wurde vom neuen Investor übernommen, schlecht kann es also nicht gewesen sein. Wenn du vor ähnlichen Herausforderungen stehst, such dir in jedem Fall Unterstützung von Fachleuten - für die Statik bis zur Finanzierung.

Solltest du in Sachsen gründen wollen, könnte dir die IHK Leipzig mit ihrer Initiative GRÜNDEN MIT TURBOPOTENZIAL weiterhelfen. Vertrau mir, Sachsen sucht händeringend nach Möglichkeiten, der Landflucht entgegenzuwirken. Etwa in Görlitz, wo das Wohn- und Arbeitsexperiment STADT DER ZUKUNFT AUF PROBE durchgeführt wurde und weitere zuzugsorientierte Projekte laufen. Übrigens nicht nur in Sachsen, auch in Städten wie Guben und Dessau kann man mietfrei zur Probe wohnen. Was das mit der Gastrobranche zu tun hat? Na ja, wo sich Menschen ansiedeln, braucht es Orte der Begegnung, des Miteinanders. Wenn du dich dafür interessierst, gib bei Google PROBEWOHNEN ein. Der MDR berichtete im Juli 2024 darüber.

MITEINANDER schreibt übrigens auch das Unternehmen KNACK-FRISCH richtig groß, dessen Team mehr als nur kochen will und sich für die Region an der Elbe engagiert. In der Großküche, die Kindergärten, Schulen, soziale Einrichtungen, Firmen und Privathaushalte täglich mit gesundem und abwechslungsreichem Essen versorgt, arbeiten Menschen, die in unserer Gesellschaft nur allzu oft vergessen werden. Und das nicht erst seit gestern oder weil sich die Inklusion werbewirksam verkauft. Nein, der Grundstein für dieses sächsische Versorgungs- und Erlebniskonzept gründete sich 1996 in einer kleinen Küche der Lebenshilfe Pirna-Sebnitz-Freital e.V. Heute arbeiten knapp 80 Menschen mit und ohne Behinderungen gemeinsam in einem modernen Umfeld und sorgen dafür, dass kleine, große, junge, alte Bewohner in Dresden, Pirna, Heidenau, von der Elbe bis in die Sächsische Schweiz nicht nur satt werden, sondern auch über den Tellerrand schauen.

Eine tolle private Initiative, die zeigt, dass ein Alleinstellungsmerkmal nicht immer gleich Sterne-Restaurant und Hipster-Food sein muss. Danke dafür!

WEITERE INFOS GIBT ES HIER ...

bahnhof-leisnig.de

knack-frisch.de

stadt-der-zukunft-auf-probe.ioer.eu

bahnliegenschaften.de

leipzig.ihk.de/infos-zur-existenzgruendung/start-up-gruendung-mit-turbopotenzial

Nordrhein-Westfalen

Zwischen Rhein und Ruhr, zwischen Dom und Zeche bewegt sich was im bevölkerungsreichsten Bundesland der Republik. Das Wirtschaftsministerium NRW wirbt mit dem Slogan: INDUSTRIE. KLIMASCHUTZ. ENERGIE. Und in diesem Zusammenhang mit qualifizierten Fachkräften, einer innovativen Unternehmerschaft und zahlreichen freien Gewerbeflächen. Wobei Letzteres nicht unbedingt ein Grund zum Jubeln ist. Die Innenstädte veröden, Einzelhandel und Gastronomie sterben, und das keinesfalls nur in Nordrhein-Westfalen.

Während der Corona-Pandemie investierte NRW 100 Millionen Euro in ein SOFORTPROGRAMM ZUR STÄRKUNG DER INNENSTÄDTE durch nachhaltige und zukunftsfähige Nutzungskonzepte. Die Stadt Essen bekam unter anderem den Zuschlag und kann 2024 Gewerberäume in bester Lage für nur 20 Prozent der eigentlichen Miete anbieten. Maximal zwei Jahre lang, was eine Menge Holz bedeutet. Bewerben konnte sich jede/r mit einem kreativen Konzept für Gastronomie, Dienstleistung und Handel. Wenn du das hier liest, ist die Bewerbungsfrist leider schon abgelaufen, aber ich kann mir gut vorstellen, dass da zukünftig noch einiges von Land und Bund kommen wird. Falls du gerade dabei bist, als Gastronom*in durchzustarten, schau auf die Website des Wirtschaftsministeriums deiner Region. Bundesweit laufen solche und ähnliche Förderprogramme, denn die Politik ist nicht immer so schlecht wie ihr Ruf.

Und wenn wir schon beim Thema sind. Was wurde gemeckert, als anno 2022 die Verpackungsverordnung in Kraft trat. Keine Strohhalme, keine Styroporbecher - die Systemgastronomie wird untergehen wie die Titanic! Na ja, das war und ist Blödsinn. Nie zuvor wurde so viel Essen außer Haus gegessen und geliefert wie heute. Und damit das zukünftig noch besser gelingt, weil bis 2030 alle Verpackungen wiederverwendbar oder recyclingfähig sein müssen, was übrigens in der Gastronomie schon seit 2023 Pflicht ist, gibt es Start-ups wie das Kölner Unternehmen VYTAL. Sven Witthöft, Tim Breker und Fabian Barthel, drei kreative Millennials, entwickelten anno 2019 ein digitales und pfandfreies Mehrwegsystem für den Take-Away-Service. Von Kaffee bis Pizza, ob Bowl oder Burger: die Behälter sind für alle Getränke und Gerichte, zur Mitnahme oder Lieferung und für die Mikrowelle geeignet. Vielleicht hast du es gesehen, die Jungs überzeugten in der HÖHLE DER LÖWEN Investor Georg Kofler, der gleich mal 450.000 Euro lockermachte und kurz darauf 300.000 Euro nachlegte. Drei Jahre später hat VYTAL bereits über 6.500 Partner*innen und kassierte 2024 den DEUTSCHEN NACHHALTIGSPREIS.

Falls du also noch keine Lösung für deine Kundschaft gefunden hast, die dein Essen lieber mit nach Hause nehmen möchte, schau gern auf der Website vorbei. Denn mit #usemebabyonemoretime haben Sven, Tim und Fabian noch eine Menge vor auf dem Weg zur globalen Kreislaufwirtschaft. In einem Interview mit KUER.NRW sprachen sie über ihr hehres Ziel, weltweit den Verpackungsmüll reduzieren zu wollen und noch sehr viel mehr Restaurants, Lieferdienste, Kantinen und Lebensmittelmärkte sowie Kunden und Konsumenten über eine Plattform zu vernetzen. *»Also, wenn wir träumen dürfen, dann ist VYTAL in fünf Jahren DAS Betriebssystem für pfandfreie Mehrwegsysteme und DER internationale Exportschlager aus Deutschland.«*

Da kann ich nur sagen: Good Luck!

Und last but not least habe ich noch was Gesundes im FOODHUB-NRW.DE gefunden. Vergiss deine Smartwatch! Vergiss Healthy-Apps, die dir immer dann sagen, du sollst dich gesund ernähren, wenn du gerade überhaupt keine Zeit hast, Gemüse zu schnippeln. So oder so ähnlich müssen Hanna Hißmann, Robin Wiebusch und Timo Sievernich gedacht haben, als sie die Idee zur App ODACOVA hatten und sich damit dem Trend aller Trends widmeten: der Gesundheit.

Ein alter Hut? Na ja … Das Start-up dachte das Thema personalisierte Ernährungsempfehlungen neu, und zwar in der BETRIEBSGASTRONOMIE. Mitarbeitende in Firmen und vielleicht demnächst auch Schüler*innen und Studierende können mit Hilfe dieser App ihre Nährstoffzufuhr personalisieren und sich Gerichte in der Kantine oder Mensa empfehlen lassen. Wie bei jeder anderen Healthy-App müssen selbstredend individuelle Angaben gemacht werden, zu etwaigen Allergien beispielsweise. Und dann kann es auch schon losgehen. Wer im Büro arbeitet, muss also nicht mehr den halben Vormittag darüber nachdenken, was es zu Mittag gibt und wie viel Kalorien noch erlaubt sind. Der Betreiber der Kantine hingegen kann mit Stammgästen rechnen, die via App langfristig motiviert werden, sich gesund zu ernähren. Ich kann mir durchaus vorstellen, dass diese Idee Zukunft hat und möglicherweise demnächst auch in Schulen, an Universitäten oder aber in Restaurants

Einzug hält. Zumindest technisch ist ja heute beinahe alles möglich. Wenn du mehr darüber erfahren möchtest, findest du die komplette ODACOVA-STORY plus Infos zur Implementierung auf der verlinkten Website.

Und falls du zu jenen gehörst, die von all dem digitalen Mainstreamscheiß gar nichts halten und diese Idee zum Piepen finden: Hm, kannst du machen. Auf der STARTUP-WOCHE DÜSSELDORF im Juni 2024 präsentierten gleich neun Gründer*innen innovative Lösungen für eine gesunde und nachhaltige Ernährung in der Betriebsgastronomie. So verkehrt kann dieser Scheiß also nicht sein.

WEITERE INFOS GIBT ES HIER …

mhkbd.nrw/zukunft-innenstadt
europarl.europa.eu/weniger-verpackungen
nachhaltigkeitspreis.de
startupwoche-dus.de
vytal.org
odacova.de

Saarland

Auf einer Fläche, die doppelt so groß ist wie Berlin, leben nur knapp eine Million Menschen. Es ist viel Platz im Saarland, das unter anderem bekannt ist für seine Wanderwege, etwa den Saar-Hunsrück-Steig. Auch sonst herrscht viel Mobilität im kleinsten und jüngsten Bundesland, das an Frankreich und Luxemburg grenzt. Nirgendwo in unserer Republik pendeln mehr Arbeitnehmer*innen und kein anderes Bundesland ist Europa so zugeneigt wie das Saarland. Hier begrüßt man sich mit *Bonjour!* und isst *Herzdruckerte.*

Und vielleicht ist es deshalb völlig normal, dass man in diesem hübschen Kleinod so wunderbar groß denkt. Das Unternehmen BELEAF-FARMING zum Beispiel begrüßt Besucher seiner Website mit: »WIR WOLLEN DIE GLOBALE ERNÄHRUNGSSITUATION NACHHALTIG ZUM BESSEREN VERÄNDERN.« Wow! Wenn das kein Ziel ist, dann weiß ich auch nicht. Worum geht's und was zur Hölle hat das mit der Gastronomie zu tun? Jede Menge!

Wer öfter mal aus dem Fenster schaut, hat längst erkannt, dass der Klimawandel uns nicht nur Feiertage verhagelt, sondern Ernten vernichtet. Auf das Wetter ist kein Verlass mehr, wie die Überschwemmungen der Saar im Mai 2024 und die massiven Niederschläge später in ganz Mitteleuropa zeigten. 28 Menschen starben, zehntausende mussten evakuiert werden, zwei Millionen waren unmittelbar betroffen, mehrere Milliarden kostete dieses eine Extremwetterereignis. Tendenz steigend!

Der Klimawandel ist keine abstrakte Gefahr, die von den Grünen erfunden wurde. Die Ressourcen werden knapp. Vollgelaufene Keller, weggespülte Häuser sind das eine, zerstörte Ernten, verseuchtes Trinkwasser, Schädlingsbefall und Dürren das weitaus größere Problem. Es betrifft uns alle, weshalb visionäre Unternehmen wie BELEAF-FARMING Landwirtschaft komplett neu denken und (vorerst noch im Kleinen) Möglichkeiten schaffen, Pflanzen wetter- und ortsunabhängig wachsen zu lassen. Und das mit 90 Prozent weniger Wasser, immer frisch, ohne Pestizide, ohne Verpackungsmüll und ohne dass dir Petrus in die Suppe spuckt.

Wanda, Ivo, Max und Phil suchen Gastronom*innen im Raum Saarbrücken, die Lust haben auf eine Kooperation oder die derzeit 20 angebotenen Microgreens einfach mal ausprobieren möchten. Für alle, die sich informieren wollen, habe ich die Seite verlinkt.

Ich mag die Idee vom eigenen Indoor-Gewächshaus, das es mittlerweile auch im stylischen Kühlschrankformat gibt. Schon allein, wenn ich daran denke, wie viele Basilikumtöpfe ich in meinem Leben gekauft und weggeworfen habe. Du weißt, was ich meine, oder? Zähl mal zusammen, wie viel Plastik da zusammenkommt ...

Vielleicht sind Microgreens auch was für deinen Gastrobetrieb. Nicht nur in Bezug auf den grünen Daumen, sondern in puncto Kundenerlebnis könntest du damit einen Mehrwert für deine Gäste schaffen. Mittlerweile gibt es zahlreiche vollautomatisierte Lösungen für den kleinen und großen Geldbeutel. Über die Hashtags #fridgegrow oder #neofarms oder #indorfarming findest du entsprechende Anbieter, einige interessante Links habe ich dir schon rausgesucht. Falls du lieber in deiner Nähe einen regionalen Dienstleister finden möchtest, könnte das Gastronetzwerk Saarland behilflich sein.

Vegan, mobil und global ist/war auch die Devise für ein Start-up, das es im Saarland leider nicht geschafft hat, obwohl mit viel Herzblut darum gekämpft wurde. Im April 2023 verabschiedete sich WORLD FOOD TRIP aus der Gastroszene. Dabei begann alles so vielversprechend, ohne viel Chichi die Welt nach Hause zu holen.

»Wann immer Menschen ein gutes Gericht genießen, werden alle Unterschiede, alles Trennende, alle Meinungsverschiedenheiten für eine Weile bedeutungslos. Essen verbindet. Uns alle, überall.« Das war die Headline für dieses wertvolle Konzept der WorldFoodTrip GmbH & Co. KG aus St. Ingbert. 33 Festangestellte, 2 Restaurants, 4 Foodtruck-Standorte, Kooperationen mit ortsansässigen Bäckern und einem Investor. 2022 berichtete die Saarbrücker Zeitung noch, das Unternehmen sei gerettet, ein Jahr später mussten die letzten drei grünen Bauwagen betriebsbedingt schließen.

Auch vom Saarbrücker Start-up FAST DINE hört man leider nichts mehr. Die Website ist größtenteils offline, der letzte Post in den sozialen Netzwerken wurde im März 2023 veröffentlicht. Und auch hier gab es weder am Konzept noch an der Strategie etwas zu meckern. Die digitale Bestellplattform wollte die lokale Gastronomie insbesondere in der Pandemie stärken, zur Vielfalt beitragen und Kindern in Not eine warme Mahlzeit spenden. Die Gründer wurden von der Kontaktstelle für Wissens- und Technologietransfer (KWT) der Universität des Saarlandes unterstützt und trotzdem ... Ich hätte gern über Erfolge berichtet. Schade!

Wenn du jemand bist oder jemanden kennst, der/die über Erfolge berichten kann, melde dich bitte gern bei pero@gastro-coaching.de. Dieses Buch ist nicht in Stein gemeißelt, wir können den Inhalt anpassen und berichten natürlich viel lieber über Projekte, die positiv in der Gastrobranche laufen.

WEITERE INFOS GIBT ES HIER ...

beleaf-farming.de

ernaehrungswandel.org/vertical-farming

hospitalitypioneers.de/indoor-farming

worldfoodtrip.de/standorte

dehogasaar.de

gastronetzwerk.saarland

Baden-Württemberg

THE LÄND! Hier wird Marketing großgeschrieben und ist die Wirtschaft daheim. Kein anderes Bundesland bewirbt sich so selbstbewusst als Europas Innovationsstandort Nr. 1. Nun, wer bin ich, darüber zu urteilen? Fakt ist, dass in Baden-Württemberg viele kluge Köpfe wohnen und Starts-ups massiv unterstützt werden. In der Wissenschaft. Aber auch in der Gastronomie?

Aber hallo! Im Genießerland wird auf Regionalität gesetzt. Das allein ist noch keine Innovation, aber die Kooperation macht vieles möglich, was nicht nur den beteiligten Gastrobetrieben zugute kommt. Mit tatkräftiger Unterstützung des Landwirtschaftsministeriums, des DEHOGA BW und der MBW Marketingsgesellschaft mbH tragen mittlerweile über 300 beteiligte Gastronom*innen zum Ausbau regionaler Lieferketten bei und leisten damit einen wichtigen Beitrag zur Wertschöpfung und zum Erhalt der Kulturlandschaft.

Die 1996 gegründete landesweite Initiative SCHMECK DEN SÜDEN als PART OF THE LÄND schützt (ähnlich wie in Hamburg) regionale Originale, sichert Qualitätsstandards und supportet insbesondere die ländliche Gastronomie. Du weißt schon: da, wo die Laufkundschaft nicht so schnell hinkommt. 2017 wurde das Projekt durch SCHMECK DEN SÜDEN - GENUSS AUßER HAUS ergänzt, was zeigt, wie trendsicher Baden-Württemberg ist. Aus diesen und weiteren Gründen wurde die Kooperation 2021 zum GENUSSBOTSCHAFTER BADEN-WÜRTTEMBERG gekürt.

Eine weitere Landeskampagne, vom Wirtschaftsministerium und dem DEHOGA BW gefeaturet, ist der DEHOGA CUP/Start-up BW, bei dem jährlich Gründer*innen teilnehmen, die Produkte und Dienstleistungen aus der Hotel- und Gastrobranche anbieten. Der Andrang zum

START-UP BW ELEVATOR PITCH war auch in diesem Jahr groß. Während der INTERGRASTRA wurden drei Finalisten gekürt. Unter ihnen ein, wie ich finde, außerordentliches Team: MOMMIES KITCHEN GANG.

Klingt nach einem Blockbuster, ist aber ein Team kochbegeisterter Mütter. 2022 wurde der Imbiss + Cateringservice von Dilan Kurucu am Stuttgarter Marienplatz gegründet - für Frauen und Mommies. Die zweifache Mutter fand Mitstreiterinnen, die sie in ihre orientalisch-mediterrane Küche holte und dort seither vom frischen Mittagstisch bis zu Großbestellungen hunderprozentig halal, biologisch, teilweise regional und jederzeit mit großer Leidenschaft „Essen wie bei Mama« kocht.

Ebenfalls vom LÄND gefördert wird die FoodBRYCKE, ein Gemeinschaftsprojekt der Wirtschaftsförderung Stuttgart, der Crowdfoods – Food Entrepreneur & Startup Association und der Universität Hohenheim. Ähnlich wie das FOODLAB in Hamburg bietet auch dieser Coworking-/Popup-Space die perfekte Umgebung für Gründer*innen in der Gastro- und Foodbranche. Gemeinsam mit Expert*innen können Newcomer ihre Ideen testen und vom Pitch bis zur Präsentation alles lernen, was sie für einen erfolgreichen Markteintritt brauchen.

Na, interessiert ... neidisch? Also ich würde glatt ins THE START-UP-LÄND ziehen. :-)

Hörenswert ist übrigens der BW PODCAST mit interessanten Geschichten von Gründer*innen, Re-Startern und anderen proaktiven Talenten.

WEITERE INFOS GIBT ES HIER ...

mommies-kitchen-gang.de
schmeck-den-sueden.de
startupbw.de/dehoga-cup
startupbw.de/mediathek/podcast

Thüringen

Mit Thüringen könnte man neuerdings alles Mögliche und Unmögliche verbinden. Ich denke jedoch zuerst an Bratwurst. Ein Klischee? Möglicherweise. Denn zwischen Eichsfeld und Weißer Elster gibt es weitaus mehr zu entdecken.

Trotzdem interessierte mich zunächst die BRAT-WURST-REBELLIN an der A9, welcher mangels Konzession und Zugang zum Autobahnparkplatz der Bratwurstverkauf untersagt wurde. Christina W. klagte sich über ein Jahrzehnt durch sämtliche Thüringer Instanzen, 2014 erklärte die Landesregierung den Rechtsstreit zur Chefsache. 2023 gab die Bratwurst-Rebellin auf, seither steht DEUTSCHLANDS ÄLTESTE AUTOBAHNRASTSTÄTTE zum Verkauf. Und ich hoffe so sehr, dass sich ein Investor findet. Denn das knapp 100 Jahre alte Gebäude ist ein Stück Zeitgeschichte. 1928 an der Heilquelle Roda als Walderholungsheim mit Ausflugsgaststätte erbaut und 1936 als erste deutsche Autobahnraststätte eröffnet, war das Rasthaus während der Zeit der deutschen Teilung ausschließlich Transitreisenden vorbehalten. DDR-Bürger*innen durften nicht mal auf das weitläufige Grundstück, dafür sorgten die Genossen von NVA und Staatssicherheit. Bundesdeutsche und Bewohner*innen West-Berlins hingegen konnten dort einen Zwischenstopp einlegen und steuerfrei einkaufen. Natürlich mit harten Devisen, die Ost-Mark war hier nichts wert.

Zum Glück ist diese Zeit lange vorbei, vergessen werden sollte sie jedoch nicht, weshalb ich hoffe, dass sich irgendwer findet, der diesem Fleckchen gelebter deutsch-deutscher Geschichte zu neuem Glanz verhilft. Das Land Thüringen beispielsweise, das mit 2 Millionen Euro Gaststättenbetreiber*innen unterstützen will, wie der MDR im Februar 2024 berichtete. Falls die Nachfrage höher ist, könnte auch noch nachgelegt werden. Zudem startete der Freistaat Marketingkampagnen, die wieder mehr Gäste nach Thüringen locken sollen. Und hier liegt tatsächlich der Hase im Pfeffer, denn mit dem Erfolg einer gewissen Partei denken sich leider immer mehr deutsche, aber vor allem internationale Touristen und Investoren: Das Land ist toll, aber die Leute! Oberflächlich betrachtet kann ich das sogar verstehen, wenngleich ich mir wünsche, dass die wirklich tollen Leute in Thüringen, von denen es zum Glück sehr viele gibt, stärker im Fokus der öffentlichen Wahrnehmung stehen.

Und deshalb bleibe ich direkt bei den positiven News: In Thüringen steigen die Löhne im Gastgewerbe. Der neue Tarifabschluss zwischen Arbeitgebern und der Gewerkschaft Nahrung-Genuss-Gaststätten (NGG) beinhaltet eine dreistufige Erhöhung im Mai 2024 um 5 Prozent sowie im Juni 2025 und Juli 2026 um jeweils 6 Prozent. Die rund 44.800 Beschäftigten dürfte das freuen, Auszubildende ebenfalls, der Einstiegsstundenlohn liegt demnächst zwischen 15,40 und 16,53 Euro, also über dem aktuellen Mindestlohn. Und das ist gut so!

Selbstredend müssen Lohnkosten erwirtschaftet werden, neben steigenden Preisen für Energie und Lebensmittel ist das kein Pappenstiel. Aber sind wir mal ehrlich, auch wenn das leidliche Thema Fachkräftemangel uns allen zu den Ohren raushängt: Heute müssen Gastwirte doch froh sein, überhaupt noch jemanden zu finden, der 24/7 in der Küche stehen oder sich im Service die Hacken ablaufen will. Also behandle deine Mitarbeiter*innen gut, bezahle sie gut und biete ihnen mehr als nur einen Job! Geiz war gestern geil. Das müssen wir lernen. Deshalb bin ich froh, dass der Hauptgeschäftsführer des DEHOGA THÜRINGEN öffentlich äußerte: »*Wir haben einen Tarifabschluss gemacht, in der Verantwortung für die Mitarbeitenden und unsere Branche gleichermaßen, und bitten natürlich dabei auch um Verständnis bei unseren Gästen, dass dies über die Preise realisiert werden muss.*«

Qualität hat nun mal ihren Preis. Hör niemals auf, etwas anderes zu denken! Bist du gerade dabei, dich in Thüringen selbständig zu machen? Sehr gut! Die Gründer-Szene lässt hier nämlich echt zu wünschen übrig, obwohl der Support gar nicht so übel ist - wie bereits oben erwähnt. Der Freistaat braucht mehr kluge, innovative, weltoffene und tolerante Menschen. Damit deine Vision zur Realität wird, empfehle ich dir, Unterstützung anzunehmen und dich mit Gleichgesinnten zu vernetzen. Die folgenden Links könnten dir dabei helfen.

VIEL ERFOLG!

WEITERE INFOS GIBT ES HIER ...

mdr.de/bratwurst-raststaette
wikipedia.org/wiki/Rodaborn
dehoga-thueringen.de/neuer-entgelttarifvertrag
thex.de/innovativ
gruenderkueche.de
top50startups.de/netzwerke/thueringen
up-thueringen.de/startup-community

Rheinland-Pfalz

Wohl einen der idyllischsten Fleckchen in Deutschland bietet Rheinland-Pfalz. Hier wachsen sogar Zitronen und Kiwis, aber vor allem die Reben. Rund 10.000 Weinbaubetriebe und die älteste Sektkellerei sind hier zu Hause. Knapp 65.000 Hektar gehören zum Anbaugebiet, das sind rund 63 Prozent aller Rebflächen in Deutschland. An sich eine tolle Sache, wäre da nicht der Klimawandel.

Steigende CO_2-Emissionen, Hitzestress, Starkregen und Hagel, Dürre, Erosion und Schädlingsbefall gefährden die Ernten. Milde Winter und viel zu heiße Sommer begünstigen Mehltau, Kirschessigfliege und mitosporische Pilze. Wenn also jemand existenziell betroffen ist, dann die Weinbaubetriebe entlang des südlichen Rheins von Hessen bis Baden-Württemberg.

Extremwetterereignisse wie die im Sommer 2024 zerstören immer öfter die Ernten, was unmittelbare Auswirkungen auf die Gastrobranche hat. Ich habe das Thema in meiner Geschichte über das Saarland bereits angerissen. In Rheinland-Pfalz suchte ich nach Beispielen, wie die Weinbauwirtschaft auf den Klimawandel reagiert, und habe welche gefunden.

In der Mosel-Region hat man bereits 2020 die unmittelbar voneinander abhängigen Wirtschaftszweige Weinbau und Tourismus mit den Schnittstellen Wissenschaft, Praxis und kommunale Selbstverwaltung zum Projekt MOSEL-AdapTiV verknüpft. Initiatoren waren die Universität Trier und die Stadt Traben-Trarbach. Gefördert wird das Projekt mit Leuchtturm-Charakter vom Bundesumweltministerium, denn allein an der Mosel (inklusive Saar und Ruwer) werden jährlich mehr als 800.000 Hektoliter Wein gewonnen, der überwiegend in Deutschland verkauft und getrunken wird. Wie es auf der Website des Landkreistags Rheinland-Pfalz heißt, betrug der Brutto-Umsatz durch den Mosel-Tourismus im Jahr 2019 etwa 1,263 Milliarden Euro. Das ist eine

Menge und trotzdem wird die Gefährdung dieses immens wichtigen Wirtschaftszweigs in vielen Kommunen noch nicht vollständig wahrgenommen. Deshalb sind kommunikationsorientierte Wissensplattformen wie die MOSEL-AdapTiV so wichtig. Denn den Klimawandel kann man nicht bekämpfen oder aufhalten, sondern sich lediglich an die veränderten Bedingungen anpassen.

Und das klappt mancherorts schon recht ordentlich. Im April 2024 berichtete der SWR von einem Winzer aus Worms, der Feigen-, Pfirsich- und Maulbeerbäume zwischen seine Reben gepflanzt hat, die gleich mehrere Vorteile bieten sollen. Primär für eine höhere Biodiversität, also das Aufbrechen der Monokultur, welche die Böden unter den Reben auslaugt. Obstbäume sind zudem nicht nur hübsch anzusehen, sie bieten sowohl Insekten ein reichhaltiges Nahrungsangebot als auch Touristen postkartenreife Orte zum Verweilen. Und last but noch least schützen diese Bäume die Reben vor den zerstörerischen Folgen des leider immer häufiger werdenden Extremwetters.

Was auf dem Weingut in Worms passiert, ist deshalb keine regionale Seltenheit. In anderen europäischen Weinbauregionen hat sich die Baum-Idee bereits etabliert, aber auch in Deutschland macht man sich endlich fit für den Klimawandel. Das Interesse der Winzer an sogenannten VITIFORST-ANLAGEN steigt, beobachtet das Dienstleistungszentrum Ländlicher Raum (DLR) in Oppenheim, was das Schutzpotenzial der Bäume im

Weinberg auf der Versuchsanlage in Nierstein analysieren wird. Zuvorderst steht dabei die Frage der Wasserkonkurrenz. Winzer Felix Hemer aus Worms hofft auf bisherige Forschungsergebnisse, nach denen Bäume aufgrund ihrer Wurzelbeschaffenheit den Weinreben sogar Wasser zur Verfügung stellen, statt es ihnen zu nehmen.

Auch was den Aufwand betrifft, zwischen den Reben Gras und Unkraut zu beseitigen, wird an nachhaltigen Lösungen getüftelt. Eine Möglichkeit, die der Winzer aus Worms demnächst testen möchte, sind Schafe. Und nicht nur er. Im November 2024 wird auf dem Weingut Bastian Beny in Wintersheim zum KÖL-Weinberggespräch geladen. Das Thema: Schafe im Weinberg. Und die gibt es natürlich nicht nur in Rheinland-Pfalz, sondern mittlerweile überall auf Europas Weinbergen, etwa in Heilbronn.

Zu einfach, zu banal, nicht praxistauglich für Reben, die maschinell geerntet werden?

Na ja, wir werden sehen ...

Cheers!

WEITERE INFOS GIBT ES HIER …

swr.de/rheinland-pfalz/klimawandel-landwirtschaft

uni-trier.de/MoselAdapTiV

vitaforst.de

swr.de/klimawandel-weingut-worms

dlr.rlp.de/Termine

wg-heilbronn.de/schafe-im-weinberg

hs-rottenburg.net/schafe-im-weinberg

Bayern

Herrje! Da lese ich doch gerade einen Artikel mit der Clickbait-Headline: WIRD ES IN BAYERN BALD WIE IN BRANDENBURG? Nee, wird es nicht! Und wer Äpfel mit Birnen vergleicht, kann damit bestenfalls Kuchen backen. Nach Nordrhein-Westfalen ist Bayern das Bundesland mit den meisten Gastrobetrieben, derzeit knapp 20.000. Etwa sieben Mal so viel wie in Brandenburg und mehr als doppelt so viele wie in Berlin. Also entspannt euch!

Ich war im Frühjahr 2024 im südlichsten Zipfel Deutschlands unterwegs und konnte vom Chiemgau bis nach Berchtesgaden keine einzige geschlossene Wirtschaft entdecken. Anders übrigens als an Nord- und Ostseeküste oder in der Hauptstadt. Okay, ich war nicht in jedem Dorf Oberbayerns, aber in einigen Städtchen. Und dort fand ich im Vergleich zu vielen anderen Bundesländern ein wahres Gastro-Eldorado. Allein die Gemeinde Inzell hat 29 Gastrobetriebe. Auf 45 Quadratkilometern! Und da war Ende März jede Menge los, obwohl kein Schnee lag.

Selbstverständlich wird es im Freistaat Bayern auch nicht gerade wenige Gastronom*innen geben, die angesichts der schwierigen wirtschaftlichen Situation aufgeben müssen. Jedes Einzelschicksal ist eines zu viel. Gott sei Dank, wie man in Bayern sagt, verzeichnet das ansässige Landesamt für Statistik seit der Pandemie ein stetiges Wachstum der Branche. Wir sollten uns also nicht irre machen lassen von der Presse, die eben gern schreibt, was Quote bringt.

Und wenn wir schon dabei sind: Niemand schafft die Wurst ab. Kein Grüner will Fleisch verbieten. Von den mittlerweile über 9 Millionen Menschen in Deutschland, die auf tierische Kost ganz oder teilweise verzichten, leben auch stetig mehr im südlichen Freistaat. Das Statistische Bundesamt beziffert den Anteil der in Bayern lebenden Vegetarier auf 16,9 Prozent. Der Bayerische Rundfunk zitierte im Oktober 2024 eine Studie, wonach sich die Zahl der bayerischen Fleischverzichter*innen seit 2003 verdreifacht hat. Da muss also niemand was verbieten, es passiert von ganz allein. Bei meiner Reise durch Oberbayern habe ich auf gefühlt jedem dritten Dach Solarpanels gesehen und in beinahe jeder Speisekarte mindestens ein vegetarisches oder veganes Gericht. Also noch mal: ENTSPANNT EUCH!

Auch die Bio-Community wächst in Bayern - trotz Stammtischparolen und Bauernprotesten. Jedes Jahr im Februar findet in Nürnberg die BIOFACH statt, die Weltleitmesse rund um das Thema Bio-Lebensmittel. Unter den Preisträger*innen 2024 des BEST NEW PRODUCT AWARD waren unter anderem die EISMANUFAKTUR GmbH mit ihren veganen Himbeereispralinen, gleich zwei Trockenprodukte der BIOVEGAN GmbH, die österreichische Bio-Metzgerei Juffinger sowie das Label RIEGEL BIOWEINE mit seiner PFANDtastico-Mehrwegflasche.

Bayern kann also viel mehr als Weißwurst und Patriotismus. Es ist bunt und vielfältig, die Menschen sind fleißig, lösungsorientiert und durchaus zukunftsbewusst. Deshalb bin ich mir absolut sicher, dass es in Bayern kein dystopisches Gastrosterben geben wird.

Ich unterhielt mich mit mehreren Gastwirten vor Ort, die der postulierten Polemik nichts abgewinnen können. Ein Holländer zum Beispiel, der in Inzell ein wirklich schönes Apartmenthotel betreibt, erklärte mir seine Sicht auf die Zukunft der Gastrobranche, die keinesfalls so düster scheint. Du kannst sein Resümee und die Einschätzung weiterer Gastronomen in Pero Vrdoljaks Buch GASTRONOMIE AM PULS DER ZEIT nachlesen.

Für alle Nachwuchskräfte hat selbstredend auch der Freistaat Bayern respektive das Staatsministerium für Wirtschaft, Landesentwicklung und Energie einiges im Portfolio, das beim Gründen oder aber der Unternehmensnachfolge helfen kann.

WEITERE INFOS GIBT ES HIER ...

listflix.de/gastronomie
statista.com/gastronomie
statistik.bayern.de
tagesschau.de/vegetarisch-vegan
bmel.de/ernaehrungsreport2024
gruenderland.bayern
volksverpetzer.de/maerchen-vom-fleischverbot
br.de/bayern/zahl-der-vegetarier

Außerdem empfehle ich dir das Gründerhandbuch aus der GASTRO-COOACHING-Reihe, das Anfang 2025 erscheinen wird.

Abschließend möchte ich mich bei dir für dein Interesse bedanken, für deine Neugier, deine Skepsis, dein Engagement und für dein unaufhaltsames Streben, ein Teil der Gastrobranche zu werden oder zu bleiben. Ich hoffe, dich ein kleines bisschen motiviert zu haben und wünsche dir VIEL ERFOLG! Deutschland braucht dich!

Deine Gerdi

Ihr Gastro-Coach PERO VRDOLJAK

Pero Vrdoljak ist Gastro-Coach aus Leidenschaft. Aufgewachsen in der Gastronomie, wusste er schon als kleiner Junge, dass es seine Berufung ist, Menschen glücklich zu machen.

Nach einer umfassenden Ausbildung übernahm er das elterliche Restaurant, welches unter seiner Führung in kürzester Zeit zu einem populären Steakhouse avancierte. Der gelernte Hotelfachmann arbeitete in Kroatien, Deutschland, im Londoner Hilton und Waldorf Astoria in New York.

Seit 2013 widmet sich Pero Vrdoljak dem GASTRO-COACHING. Mitten in der Pandemie brachte er das Schnitzeltaxi in Emsdetten zum Laufen und steigerte ab dem ersten Jahr sukzessive den Umsatz. Das DIEKHUES HOFF ist heute fester Bestandteil der Gastro-Szene und erfreut sich großer Beliebtheit.

VOM GASTRONOMEN – FÜR GASTRONOMEN ist das Motto, unter dem Pero Vrdoljak sein Wissen weitergibt. Nach über fünfunddreißig Jahren Berufspraxis als Gastronom und Coach weiß er, wo die Probleme liegen und konkreter Handlungsbedarf besteht. Seine realistischen

Analysen und praxisnahen Tipps eignen sich sowohl für Gründer*innen als auch für all jene in der Gastrobranche, die mehr wollen als nur überleben.

In seinen aktuellen Büchern aus der GASTRO-COACHING-Reihe findet Pero Vrdoljak Antworten auf die Fragen am Puls der Zeit. Was hat sich in der Gastro seit Corona geändert? Wie gehen wir mit den Konsequenzen des Wandels und Mangels um? Welche Chancen finden wir in der Zeitenwende?

Die Autorin MARI MÄRZ

Mari März wurde 1972 als Marion Mergen in Ost-Berlin geboren.

Ab 1990 arbeitete sie in verschiedenen Bundesbehörden, zuletzt im Deutschen Bundestag für namhafte Politiker*innen. Seit 2013 ist ihr bürgerliches Ich als freiberufliche Honorar-Autorin und Lektorin tätig. Unter ihrem Pseudonym veröffentlichte sie diverse Romane, Novellen und Kurzgeschichten, die bei der Hörbuchmanufaktur Berlin auch als Audiobooks erschienen. Für Gastro-Coach Pero Vrdoljak erfand sie die Figur GASTRO-GERDI, eine fiktive Reporterin, die 2024 durch alle 16 Bundesländer reiste, mit einer Frage im Gepäck: IST DIE GASTRONOMIE NOCH ZU RETTEN?

*Mit meinen Geschichten will ich nicht nur unterhalten, sondern Grenzen überwinden, Tabus brechen, Emotionen wecken und meine Leser*innen bestenfalls nachdenklich aber auch begeistert zurücklassen.*

mari-märz.de

LESEPROBE: AM PULS DER ZEIT

Der Titel dieses Buches ist keine Floskel, keine Phrase, keine werbeheischende Schlagzeile. Die Gastronomie lebt am Puls der Zeit. Und diese Zeit meint es gerade nicht gut mit uns. Erst fehlten die Gäste, jetzt fehlt den Gästen das Geld. In weiten Teilen unserer Republik fiel 2024 die Zukunft vieler Gastronom*innen buchstäblich ins Wasser. Während vor fünf Jahren noch die größte Herausforderung darin bestand, mit Bio und Regio im Verdrängungsmarkt Gastronomie kontinuierlich Umsätze zu erwirtschaften, geht es mittlerweile ums nackte Überleben.

Pandemie, Klimawandel, Bürokratie, Krieg, Inflation, Preissteigerungen, grüne Transformation, Fachkräftemangel, Populismus, kollektive Depression ... Und wir? Was fangen wir an mit dieser Zeitenwende? Haben kreative Konzepte überhaupt noch eine Zukunft? Gibt es tatsächlich Chancen inmitten der Weltuntergangsstimmung? Sind wir noch zu retten?

Mein Name ist Pero Vrdoljak. Ich kann Ihnen nicht versprechen, dass bald alles wieder gut wird. Niemand kann das. Aber ich kann Sie unterstützen, die gegenwärtigen Krisen zu meistern.

Warum? Weil es für uns alle immens wichtig ist, dass Ihr Gastrobetrieb überlebt. Weil Deutschland ohne uns nicht überleben kann.

Wir sind es, die jede noch so kleine, aber vor allem jede große Veränderung im gesellschaftlichen, ökonomischen und ökologischen Kontext zu spüren bekommen. Während der Pandemie mussten wir unverschuldet um Hilfe betteln, unsere Mitarbeiter*innen in Kurzarbeit schicken, binnen weniger Tage komplett neue Konzepte entwickeln, um irgendwie den Laden am Laufen zu halten.

Im demographischen Wandel müssen wir um jede Fachkraft ringen, den beruflichen Alltag der Work-Life-Balance anpassen, neue Arbeitszeitmodelle anbieten, smart, woke und de luxe sein, um den Jungen zu gefallen, ohne die Alten zu verlieren. Bürokratie und Personalmangel zwingen uns, Arbeitsprozesse zu digitalisieren - ob wir wollen oder nicht.

Der Wunsch nach mehr Transparenz bedeutet für uns, aus Speisekarten peinlich genaue Beipackzettel zu machen, in denen jede Zutat minutiös aufgelistet ist. Halten wir Vorschriften nicht ein, wird der Laden dichtgemacht. Erfüllen wir nicht punktgenau sämtliche Kundenwünsche, kassieren wir miese Online-Bewertungen. Jeder Gast und jede Gästin kann mit dem Smartphone unser Lokal filmen und sich sowohl positiv als auch negativ darüber äußern. Bewirbst du in den sozialen Netzwerken dein Angebot, wird sich über die Preise aufgeregt, über zu viel oder zu wenig Fleisch.

Und wehe, du weißt nicht, wie die Kuh mit Namen hieß, auf welchem Acker der Salat wuchs, auf welcher

Plantage der Kaffee angebaut wurde. Im Zeitalter der Selbstoptimierung und Globalisierung wird es immer schwerer, mit den Ansprüchen Schritt zu halten. Mal ganz zu schweigen vom Klimawandel, der sowohl Ernten vernichtet, Existenzen zerstört, Preise hochtreibt als auch mehr Nachhaltigkeit und neue Strategien fordert.

Seit Russlands Angriffskrieg in der Ukraine müssen wir explodierende Kosten ertragen, uns die Hacken nach Wodka ablaufen und zunehmend eskalierende Debatten an unseren Tischen aushalten. Die Gesellschaft zerbricht im Strudel der Zeitenwende.

Und die Gastronomie? Was sind wir?

Die Kapelle auf der Titanic?

Der DEHOGA befragte im Juli 2024 Vertreter*innen aus dem Gastgewerbe mit deutlich unterschiedlichem Ergebnis. Für das 3. Quartal 2024 beurteilten knapp 70 Prozent die Aussichten als schlecht bis befriedigend. Immerhin stolze 8,8 Prozent bewerteten ihre Perspektiven als sehr gut.

DEHOGA-Präsident Guido Zöllick spricht immer wieder von einer angespannten Lage und fordert mehr Unterstützung von der Politik, gleichzeitig aber weniger Bürokratie sowie einen fairen Wettbewerb.

»Wenn sich nichts ändert,
stehen weitere Tausende Betriebe vor dem Aus.«

Ja, richtig. Danke für die Zahlen. Danke für das Statement. Die generelle Absenkung der Mehrwertsteuer auf 7 Prozent wäre super, mehr gesamtgesellschaftlicher Zuspruch wünschenswert. ABER!

WOLLEN WIR ALLEN ERNSTES UNSERE ZUKUNFT DER HOFFNUNG ÜBERLASSEN?

Ohne Frage, der DEHOGA macht einen guten Job, die Politik ist beschränkt auf die Kunst des Möglichen, Städte und Gemeinden sind bemüht, alles großartig. Wir können dankbar, gern auch kritisch sein oder uns selbst engagieren. Aber hören wir doch bitte auf, weiter den Buhmann zu suchen, Gott und die Welt für unser Leid verantwortlich zu machen und uns wie die Lemminge von der Klippe zu stürzen. Denn mal ehrlich! Was sind wir? Verwöhnte Fünftklässler, die sich von Mutti die Schuhe binden lassen und Vati holen, wenn uns jemand auf dem Schulhof das Pausenbrot klaut?

Ja, die Gastrobranche hat massive Probleme. Aber welches Problem wurde jemals durch Jammern oder Subventionen gelöst? Wollen wir tatsächlich die Hände in den Schoß legen und auf Hilfe warten? Was passiert, wenn der Staat sich zu sehr einmischt, wird dann alles besser, der Wettbewerb fairer, die Bürokratie weniger?

Wie lange wollen Sie auf ein Wunder hoffen?

Das Gastgewerbe gibt es seit der Antike. 1765 servierte ein gewisser Herr Boulanger zum ersten Mal »köstliche Restaurants«. In all den Jahrhunderten herrschten zig Pandemien, Hungersnöte, Kriege, Diktatoren. Und, ist das Gastgewerbe gestorben?

Niemand von uns muss Geschichte studiert haben, um zu erkennen, dass die Rahmenbedingungen heute um ein Vielfaches besser sind als jemals. Noch nie hatten wir eine so umfassende staatliche Unterstützung. Noch nie hatten wir so viele Möglichkeiten. Und da wollen Sie einfach aufgeben, Ihre Träume an den Nagel hängen, um ab morgen was zu tun?

Wo steht eigentlich, dass wir nur unter optimalen Bedingungen arbeiten können? Und wie sollen diese optimalen Bedingungen eigentlich aussehen? Wenn die Menschen mehr Geld übrig haben? Und was dann? Nach den Gesetzen der Marktwirtschaft würde das Angebot steigen. Mehr Konkurrenz also. Hätten Sie dadurch irgendetwas gewonnen? Mehr staatliche Unterstützung bedeutet auch immer mehr Bürokratie. Kein Naturgesetz, aber eine typische Konsequenz.

Wollen Sie das?

Wegen zu hoher Personalkosten müssten Gastrobetriebe schließen, heißt es immer wieder. Was wäre der Umkehrschluss: Dumpinglöhne? Jede Fachkraft, jeder Mensch hat das Recht auf eine faire Bezahlung!

Wegen der sogenannten Mehrwertsteuererhöhung müssten Gastronom*innen Insolvenz anmelden. Welche

Erhöhung? Die Subvention wurde zurückgenommen. Ja, der Kanzler hatte es anders versprochen. Na und? Was haben wir davon, über die Politik zu schimpfen, die uns übrigens drei Jahre lang diese 12 Prozent schenkte? Die Mehrwertsteuer gehörte noch nie uns. Wer sie als Netto-Einnahme verbucht, geht verdient pleite.

Ja, das klingt hart. So hart, wie die Zeiten nun mal schlechtgeredet werden. Nur Scharlatane behaupten, dass es leicht ist, Gastwirt*in zu sein. Unsere Branche ist geprägt von Hochs und Tiefs. Schon immer!

Denn das Wesen der Gastronomie besteht darin, Menschen glücklich zu machen. Und die Menschheit entwickelt sich in einem steten Prozess, den man Leben nennt. Es wäre also wider die Natur, mit der naiven Hoffnung im Stillstand zu verharren, dass alles so wird, wie es einmal war.

In diesem Buch werde ich Ihnen nichts versprechen und auch nichts vorschreiben. Stattdessen werde ich Ihnen Mut machen und Möglichkeiten aufzeigen, wie es geht. Denn wie es nicht geht, wissen Sie allein oder können es täglich in der Zeitung, im Netz und in den sozialen Medien lesen. Geben Sie bei Google »Gastrosterben« ein und Sie werden zig Beiträge finden, in denen melodramatisch die Misere beschrieben wird. Zum Thema »Chancen in der Gastronomie« hingegen haben Zeitungen und Branchenverbände verflucht wenig zu sagen. Die Journaille mag mit Clickbait-Jammern Geld verdienen. Wir aber nicht!

Verschwenden wir also nicht länger wertvolle Energie und Lebenszeit. Lassen Sie uns auf jene 8,8 Prozent aus besagter DEHOGA-Umfrage schauen, die ihre Aussichten mit »sehr gut« bewerten. Haben diese Kolleg*innen etwa andere Rahmenbedingungen, bessere Chancen als wir? Auch wenn das Tempo der Veränderungen durchaus Angst machen kann, ist doch der positive Blick nach vorn unsere einzige Möglichkeit. Vielleicht wird nicht alles, was ich in diesem Buch als Chance beschreibe, für Sie infrage kommen. Das ist auch gar nicht nötig.

SIE BESTIMMEN DAS ZIEL UND DEN WEG DORTHIN.

Wenn Sie keine Kraft mehr haben und ans Aufgeben denken, ist das keine Schande. Gewiss haben Sie hart gearbeitet und lange gekämpft. Vielleicht haben Sie gerade erst angefangen und wissen noch gar nicht so richtig, wo die Reise hingeht. Es könnte auch sein, dass Sie sagen: Endlich spricht das mal jemand aus. Ich kenne Sie nicht. Weder Ihre Stärken noch Ihre Sorgen. Aber ich möchte mit allem, was ich weiß und erfahren habe, mein Bestes tun, dass Sie Ihre Leidenschaft wiederfinden und die Kraft, Ihre Ärmel hochzukrempeln und weiterzumachen.

JETZT ERST RECHT!

Neben den Basics unseres Geschäfts, die zum Glück relativ unabhängig von der Zeitenwende sind, werden in diesem Buch sämtlich eben aufgezählte Probleme von mir betrachtet und entsprechende Lösungen aufgezeigt. Für eine flächendeckende Bestandsanalyse habe ich mich in der Branche umgeschaut, mit diversen Gastronom*innen gesprochen und GASTRO-REPORTERIN GERDI durch Deutschland geschickt, die für mich und für Sie die aktuelle Situation in allen 16 Bundesländern unter die Lupe nahm.

Bevor es losgeht, noch ein paar Worte, die mir sehr am Herzen liegen:

Liebe Gastronom*innen,
lassen Sie uns gemeinsam die Liebe zu diesem wunderbaren Beruf wiederentdecken! Die Gastrobranche ist weit mehr als nur systemrelevant. Wir halten das Land, die Gesellschaft am Laufen. Wir schaffen Orte der Begegnung, der Freude, des Glücks. Wir bringen Menschen zusammen und geben ihnen das, wonach wir uns alle sehnen: Gemeinschaft, Genuss, Frieden, Miteinander. Jede/r aus unserer Zunft leistet einen wichtigen Beitrag, deshalb können wir auch auf niemanden verzichten.

Nehmen Sie sich Zeit, wann immer sie Ihnen zur Verfügung steht. Die Lektüre meines Buches ist kein Wettbewerb, das Arbeiten mit den Checklisten und die Erkenntnis zwischen den Zeilen kein Marathon. Lesen Sie bitte jedes Kapitel mit der nötigen Sorgfalt. Haben Sie Fragen, Anregungen oder Verbesserungsvorschläge, kontaktieren Sie mich. Und wenn Ihnen dieses Buch gefällt, lassen Sie gern andere teilhaben.

Machen Sie es gut - im wahrsten Sinne!
Deutschland braucht Sie.

Ihr GASTRO-COACH
Pero Vrdoljak

BUCHEN SIE GASTRO COACHING!

COACHING A

Erstberatung per Video-Chat in drei Schritten

1: Analyse (Was läuft nicht?)
2: Strategie (Was geht besser?)
3: Auswertung (Was läuft gut?)

3 x 60 Minuten persönliche Beratung via Zoom-Call
Zeitraum: 3 Wochen

COACHING B

Begleitendes Coaching per Video-Chat mit Themenwahl

1: Wie steigere ich meinen Umsatz?
2: Wie finde ich gutes Personal?
3: Wie kalkuliere ich richtig?

12 x 60 Minuten persönliche Beratung via Zoom-Call
Zeitraum: 3 Monate

COACHING C

Persönliche Betreuung per Video-Chat und WhatsApp
+ 2 Workshops wahlweise vor Ort oder Villa Vrdoljak in Kroatien

RE-LAUNCH

Wöchentliches Gespräch via Zoom-Call
WhatsApp-Chat für direkten Austausch
Zeitraum: 12 Monate

Alle Preise, Konditionen und Termine erhalten Sie auf Anfrage. Möchten Sie mehr erfahren, Ihre Beratung individuell anpassen, dann schicken Sie eine E-Mail an: pero@gastro-coaching.de.

Weitere Informationen und Hinweise finden Sie hier: www.gastro-coaching.de

Scannen und direkt zu www.gastro-coaching.de

Urheberrecht/Leistungsschutzrecht

Die in diesem Buch veröffentlichten Inhalte und bereitgestellten Informationen unterliegen dem deutschen Urheberrecht und Leistungsschutzrecht. Jede Art der Vervielfältigung, Bearbeitung, Verbreitung, Einspeicherung und/oder Verwertung bedarf der vorherigen schriftlichen Zustimmung des jeweiligen Rechteinhabers. Das unerlaubte Kopieren oder Speichern der bereitgestellten Informationen ist nicht gestattet und strafbar.

HAFTUNGSBESCHRÄNKUNG

Die Inhalte dieses Buches wurden mit größtmöglicher Sorgfalt und nach bestem Wissen erstellt. Dennoch übernimmt der Herausgeber keine Gewähr für die Aktualität, Vollständigkeit und Richtigkeit der bereitgestellten Inhalte sowie für deren Umsetzung.

@ IMPRESSUM

Angaben gemäß § 5 TMG:
Pero Vrdoljak; Diemshoff 38; 48282 Emsdetten
E-Mail: pero@gastro-coaching.de
Internet: www.gastro-coaching.de

DIE GASTRONOMIE LEBT AM PULS DER ZEIT. Pandemie, Bürokratie, Krieg, Inflation, Preissteigerungen, grüne Transformation, Fachkräftemangel ... Wir sind es, die jede Veränderung im ökonomischen, demografischen und ökologischen Wandel zu spüren bekommen. Die Frage ist: Was machen wir daraus?
Mit diesem Buch möchte ich Sie unterstützen, die gegenwärtigen Krisen zu meistern. VOM GASTRONOMEN FÜR GASTRONOMEN. Weil es wichtig ist, dass Ihr Gastrobetrieb überlebt. Sie halten die Gesellschaft am Laufen. Wir schaffen Orte der Begegnung, der Freude, des Glücks. Jede/r aus unserer Branche leistet einen wichtigen Beitrag, deshalb können wir auf niemanden verzichten. Lassen Sie uns gemeinsam die Ärmel hochkrempeln und Lösungen finden, denn vom Jammern wird definitiv nichts besser. Deutschland braucht Sie!
Ihr Pero Vrdoljak

DER TRAUM VOM EIGENEN RESTAURANT ODER FOODTRUCK kann für angehende Gastronom*innen zwischen Wandel und Mangel schnell zum Albtraum werden. Ob Fernsehkoch, Fachkraft oder Quereinsteigerin: Für uns alle gelten dieselben Regeln, wenn es um Hygiene, Lebensmittelsicherheit, Standortbestimmung, Konzeptsuche, Konsumentenverhalten, Personalverantwortung und das Kleingedruckte in Verträgen geht. Mit diesem Booklet möchte ich all jene unterstützen, die den Schritt in die Selbständigkeit wagen. Dazu gehört Mut, Leidenschaft, aber auch betriebswirtschaftliches Knowhow, ein solider Businessplan und die Bereitschaft, über sich und die Vorurteile anderer hinauszuwachsen.
VOM GASTRONOMEN FÜR GASTRONOMEN gebe ich Ihnen das nötige Rüstzeug an die Hand. Weil Deutschland Sie braucht. Weil Sie unsere Zukunft sind.
Machen Sie bitte das Beste daraus!
Ihr Pero Vrdoljak

WAS IST LOS IN DER GASTRO? Krisen, Klima, Krieg ... Die Leute drehen durch. Der Ton wird rauer. Das Geld wird knapp. Preise steigen. Fachkräfte fehlen. Durchatmen! Tief durchatmen!
Fragst du dich, ob die Gastronomie noch eine Zukunft hat? Großartig! Dann habe ich exakt für dich dieses Buch geschrieben, bin für dich durch alle 16 Bundesländer gereist. Mit einer Frage im Gepäck: SIND WIR NOCH ZU RETTEN?
Im Auftrag des Gastro-Coaches Pero Vrdoljak suchte ich von Aachen bis Zwickau nach Lösungen für die Zukunft der Gastronomie ... und fand sie ... zwischen Pleiten, Leerstand und Gentrifizierung, zwischen Hochwasser, Sturmschäden und grüner Transformation.
Ist dein Rucksack gepackt? Hast du Platz gelassen für ein paar gute Ideen?
Dann los!
Deine Gerdi

Vielen Dank, dass Sie sich für
GASTRO-COACHING entschieden haben.
gastro-coaching.de

Ich würde mich freuen, wenn Sie
Ihre nächste Auszeit bei uns buchen.
vrdoljak.de

Scannen und direkt zur Villa Vrdoljak